Rosi Mittermaier
Fröhlich
bin ich
sowieso

Rosi Mittermaier
Fröhlich bin ich sowieso

Mit 58 Fotos und 11 Rezepten

nymphenburger

Dieses Buch widme ich meinen Kindern. Sie werden es nicht lesen können, weil ich es zu Hause verstecke. Ich hoffe jedoch, dass sie, wenn sie so alt sind wie ich, das Buch entdecken, drüberstehen und so ein bisschen mehr über ihre Mutter erfahren.

© 2011 nymphenburger in der
F. A. Herbig Verlagsbuchhandlung GmbH, München.
Alle Rechte vorbehalten.
Das »Danklied« der Inntaler Sänger auf Seite 155 mit freundlicher Genehmigung von Berta Margreiter, Ried im Alpbachtal.
Redaktionelle Mitarbeit: Regina Carstensen und Christian Neureuther
Schutzumschlag: Wolfgang Heinzel
Schutzumschlagmotiv: privat
Alle Fotos innen: Archiv Christian Neureuther
Fotos S. 2, 200: Nobert Hellinger, München
Foto S. 254: Schneider-Press/W. Breiteneicher
Satz: EDV-Fotosatz Huber/Verlagsservice G. Pfeifer, Germering
Gesetzt aus: Sabon LT Std 10,75/14pt
Druck und Binden: GGP Media GmbH, Pößneck
Printed in Germany
ISBN 978-3-485-01321-5

www.nymphenburger-verlag.de

Inhalt

Vorwort 9

A
Almleben 13
An mir herumzupfen 20

B
Beginn einer Liebe 23
Bewegungstrieb 35
Beziehungseier 46
Bud-Spencer-Suppe 47

C
Christian, so wie er mich sieht 53

D
Dampfnudelberühmtheit 63

E
Eifersucht   67
Einatmen   70
Empathie und Fair Play   74
»Es ist«   77
Evi Blitz   78

F
Fasten   81
Fitnessdrink   83
Freundin und ein VW Variant   84

G
Geschenke   91
Glücksbringer   98
Goethe in der Gletscherspalte   101

H
Himalaya, ganz persönlich   107
Hochzeitstag, immer wieder gern vergessen   110
Hose runter   112
Hüte, insbesondere die Hüte meiner Mutter   119

I
Idol große Schwester   123
I'm for soccerplayers   128

J
Jil und Manolo   135

K
Kaiserschnitt oder nicht? 141
Kirche 146
Kochbücher 151

L
Lebensmotto 153
Legendenrennen 155
Leidenschaftliches Engagement 160

M
Marmelade, selbst gemacht 163
Mauerspleen 164
Mit mir ins Reine kommen 171

N
Notizbuch ganz privat 175
Nordic Walking 178

O
Osterkerze 187

P
Palmstrauß 191
Pantoffeln im Schloss Bellevue 192
Papst Benedikt XVI.: »Kann ich gut gebrauchen« 195

Q
Quelle 199
Querbeet 200

R
Robuste Gesundheit   203

S
Schlechte Laune   205
Schnee   206
Schweinebraten & Co.   209
Skizirkus   213
Speckmessen   217

T
Teatime mit Nymphenburg   223
Technik   225

U
Überlebenstraining Nähmaschine   227

V
Von Gold, Gold, Silber   229

W
Weihnachten   237

X
X × 3   249

Y
Yoga mit Ameli   255

Z
Ziegenmilch   257
Zivilisation in der Hütte   259
Ziele   259

Vorwort

Mit dem Schnee fing alles an. Mit dem unendlichen Schnee auf der Winklmoosalm! Schon bald stand ich auf Skiern und fuhr den ersten Hang, den Lotharhang, hinunter. Dann kamen die Skirennen ... Dieser Teil meines Lebens ist hinlänglich bekannt. Doch was kam danach?
Wahrscheinlich können sich nur wenige Menschen vorstellen, welche Folgen die Goldmedaillen in Innsbruck für meine Familie und mich hatten. Vielfach wird auch vergessen, dass ich mit fünfundzwanzig Jahren aufgehört habe, Skirennen zu fahren. Danach begann für mich ein zweites Leben – auf einmal war ich Geschäftsfrau, obwohl mir Geld nie wichtig war. Ich tauchte ein in ein völlig neues Leben, konnte Neues entdecken und meinen Horizont erweitern. Ich war ständig unterwegs. Ob in Amerika oder in Japan, quer durch die Welt, überall wurde ich mit Freude und Herzlichkeit, aber auch mit äußerstem Terminzwang herumgereicht, als hätte ich irgendetwas Außergewöhnliches geleistet. Es war eine spannende und extrem anstrengende Zeit, für die ich dankbar bin. Je länger sie andauerte, desto stärker hat sie mich jedoch zu meinen Wurzeln und zu meinem bayerischen Ursprung zurückgezogen, von dem ich mich nie entfernen wollte.

Diesen Boden wollte ich nie verlieren. Meine Eltern und meine Geschwister, mein Mann und meine Kinder bedeuten mir alles. Dazu kommen meine Freunde und meine Heimat. Heimatverbundenheit heißt bei mir vieles: Das können die Kässpatzen meiner Freundin Traudl sein, die Nähmaschine, die ich von meiner Mutter zur Hochzeit geschenkt bekommen habe, die Volksmusik, die bei uns im Alpengebiet gesungen wird, oder die Beziehungseier, die wir jedes Jahr zu Ostern basteln. Diese Traditionen sind für mich ein wichtiger Teil eines funktionierenden und harmonischen Familienlebens.

Damit verbunden sind für mich auch die Werte, die ich durch meine Eltern und durch das Aufwachsen in einfachen Verhältnissen vorgelebt bekam. Die Berge und die faszinierende Vielfalt unserer vier Jahreszeiten machten und machen jeden Tag erinnernswert. Wenn ich sehe, mit welchen Einflüssen Kinder heutzutage fertig werden müssen, dann weiß ich, welches Glück ich mit meiner Kindheit hatte.

Mit diesem Buch möchte ich ein wenig von dem weitergeben, was ich so selbstverständlich mit auf den Weg bekommen habe und was mich fröhlich macht. Ich würde mir wünschen, dass es ansteckend wirkt und die Kraft meiner Erlebnisse andere Menschen wieder mehr in Kontakt bringt mir ihrer eigenen Zufriedenheit und Dankbarkeit.

Eine Autobiografie wollte ich nicht schreiben – dafür bin ich noch zu jung und vor allem hätte ich auch nicht von mir wichtigen Kleinigkeiten nebenbei erzählen können, die mein Leben ausmachen.

Damit das Buch so richtig schön bunt wird, geht es natürlich auch um Bewegung, ums Älterwerden, um den Papst, um rheumakranke Kinder oder um meinen persönlichen Modeberater Christian Neureuther. Sie können es querbeet oder am Stück lesen. Nach den einzelnen Abschnitten empfehle ich Ihnen, sich aus dem Sofa zu erheben und behutsam zwei, drei Kniebeugen oder ein paar Dehnübungen zu machen. Eine Autobiografie, mit einem durchgehenden Text, hätten Sie niemals so gesund überstanden.

Ihre

A Almleben

Man kann sich die Winklmoosalm als ein großes oberbayerisches Berggelände vorstellen. Im Sommer wurde das Vieh aus dem Tal hinaufgetrieben auf die Alm und überall war das fröhliche Glockengeläut zu hören. Auch viele Pferde kamen auf Sommerurlaub. Es gab Gasthäuser, in denen man übernachten konnte, herrliche Hütten zur Einkehr – an sich war und ist die Alm jedoch nur ein Tagesausflugsziel.
Meine Eltern zog es schon vor dem Krieg dorthin. Mein Vater Heinrich war durch und durch Sportler, eigentlich war er aber schneesüchtig. Als geförderter Langläufer und Skispringer, der sich im Winter mehr in den Bergen als in München aufhielt, bekam er das Angebot, eine Hütte auf der Winklmoosalm zu übernehmen. Meiner Mutter hätte es ja ganz gut in der geselligen Stadt gefallen, wo all ihre Geschwister und Verwandten lebten, aber so ein Angebot wollte sich mein Vater nicht entgehen lassen. Die Mutter folgte ihm in die Berge, in das größte »Schneeloch« der Gegend mit fast sieben Monaten weißer Pracht. Sie bekam dafür ein Gasthaus, die »Passauer Hütte«, frische Luft,

Einsamkeit am Abend und viel Arbeit. Doch sie war glücklich, denn mein Vater war glücklich und sie waren frei und unabhängig. Später pachteten sie das Studentenheim der »Technischen und Tierärztlichen Hochschule Hannover«, um einfach geordneter mit mehr Freizeit das Jahr gestalten zu können.

Wir waren ein richtiger Familienbetrieb, in dem jeder von klein auf mithelfen und anpacken musste. Das galt für meine Schwestern genauso wie für mich. Immer waren junge Leute um uns herum, bayerische Schulklassen verbrachten hier oben ihre Skifreizeiten, Studenten aus Niedersachsen lernten im Winter das Skifahren oder gingen im Sommer in die Berge. Ich wuchs mit unglaublich vielen unterschiedlichen jungen Menschen auf, deren Einflüsse mich natürlich stark prägten.

Von einer einsamen Kindheit in einem Heidiland konnte keine Rede sein, auch wenn der nächste Ort, Reit im Winkl, zehn Kilometer entfernt war. Es waren bis zu sechzig Studenten bei uns im Haus, da ging es natürlich rund. Die Eltern hatten in diesen Stoßzeiten kaum Zeit für uns, umso mehr aber die Studenten, die uns Kinder mit Freude annahmen und jeden erdenklichen Blödsinn mit uns anstellten. Noch heute kenne ich fast das gesamte deutsche Liedgut und besonders die unanständigen Verserl. Das gesamte Repertoire der Gesellschaftsspiele musste in diesen Wochen durchgezogen werden, sicher war nicht alles kindgerecht, doch die Eltern sorgten schon dafür, dass wir keine Flausen bekamen. Die Auseinandersetzung mit den vielen jungen Menschen hatte aber den Vorteil, dass ich sehr früh sehr gut einschätzen lernte, wer es ehrlich mit mir meinte und wer nicht. Empfindlich durfte man in so einer Umgebung nicht sein, dafür gab es weder Raum noch eine Anlaufstelle. Dafür bekam ich eine wertvolle Menschenkenntnis, die mir bis heute sicher so manche Enttäuschung ersparte.

Ich habe zwei Schwestern, Heide, die neun Jahre älter ist als ich, und Evi, die drei Jahre jünger ist. Als Kinder stellten sich Evi und

Auf der Winklmoosalm, mit meiner jüngeren Schwester Evi auf dem Schoß der Eltern (1955)

A ich jedes Mal, wenn eine neue Gruppe eintraf, an die Tür: Wer an uns vorbeiging und uns zublinzelte und »Servus« sagte, den erklärten wir augenblicklich zu unserem Freund. Wenn uns jemand nicht beachtete oder unfreundlich war, wurde er gleich aussortiert und »geächtet«. Das spürten sie dann die ganze Woche, denn uns fiel permanent etwas Neues ein, wie man so jemand ärgern konnte. Da wurden Schlafanzüge verknotet, Schneebälle in die zum Trocknen aufgestellten Skischuhe gesteckt, Skier vertauscht usw.

Die Studenten waren ja um vieles älter als wir und wir müssen denen furchtbar auf die Nerven gegangen sein. Unseren »Lieblingen« hingegen gingen wir nicht mehr von der Naht und wehe, die wollten mal mit einem Mädchen allein sein.

 Eine Jugendgruppe vor der Passauer Hütte beim Frühsport

Diese praxisnahe Lebensschule wirkte natürlich nach. Ich kann von uns drei Schwestern behaupten, dass wir alle sehr gesellig sind, uns gerne unter Menschen bewegen und keine Hemmungen vor neuen Begegnungen haben. Unterhaltungen fallen uns leicht und wir erzählen uns auch gerne die »Unwichtigkeiten« des Lebens.
Ich lernte Schach und Mühle, was mir viel Respekt bei meinem Mann einbrachte. Ich lernte aber auch verlieren und vor allen Dingen, fair zu spielen. Bis heute kann ich es überhaupt nicht ertragen, wenn bei Wettkämpfen oder im Spiel getrickst oder geschummelt wird. Erst recht sorgten unsere Eltern dafür, dass wir immer sauber am Boden blieben. Tränen wegen Nieder-

lagen oder »Wehwehchen« brauchten gar nicht erst vergossen werden, dafür gab es keine Abnehmer. Wichtig waren Gemeinschaftssinn, Freude am gemeinsam Erlebten und füreinander da zu sein.

Im Winter betrieb mein Vater neben dem Gasthaus und später neben dem Studentenheim auch noch eine Skischule. Als staatlich geprüfter Skilehrer und einstiger Leistungssportler – er hatte es vor dem Krieg bis zum Deutschen Reichsmeister im 50-km-Langlauf gebracht – war es sein beherrschendes Anliegen, junge Menschen zum Sport zu bringen. So war es fast natürlich, dass wir drei Mittermaier-Töchter fast vor dem Laufen das Skifahren erlernten – und, den Fußstapfen des Vaters folgend, auch in den Skirennsport einzusteigen.

Meine Mutter war der ruhende Pol in der Familie. Sie war dem »Vati« ja auf die Winklmoos gefolgt, sicher nicht wegen des Sports, sondern aus Liebe. Dabei war sie keineswegs unsportlich, aber als Stadtkind kannte sie eher den Turnverein, in dem sie es immerhin bis zur Vorturnerin gebracht hatte, wodurch sie dem Vater wahrscheinlich aufgefallen war. Ihre Töchter hätte sie schon lieber in anderen Sportarten gesehen, eher den traditionell weiblichen. Sie sagte immer: »Der Skirennsport ist doch viel zu gefährlich! Schlittschuhlaufen oder Ballett sind doch viel schöner!« Sie meinte auch immer, wir sollten uns diesen typischen Skischuh-Gang abgewöhnen. Das hieß: Wir sollten graziler gehen und nicht so hart über die Fersen. Letztlich akzeptierte sie unsere Skileidenschaft und es blieb ihr auch gar nichts anderes übrig, denn auf der Winklmoosalm groß zu werden bedeutete, im Schnee aufzuwachsen und auch damit fertig zu werden. Dort lag in unserer Kindheit von Mitte Oktober bis Mai Schnee, richtig viel Schnee! Aufgrund einer meteorologischen Besonderheit ist die Winklmoos das schneesicherste Gebiet der Alpen, wenn man die Höhenlage von ca. 1200 Meter berücksichtigt. Wer hier übers Jahr leben will, muss »skinarrisch« sein.

Mein Vater förderte nicht nur uns Kinder, sondern integrierte alle, die gerne »sporteln« oder Ski fahren wollten. So waren auch die anderen Kinder von der Winklmoos immer willkommen, wurden zu den Skirennen mitgenommen oder durften hinter dem Vater herfahren. Ohne ihn und das Verständnis der Mutter wären wir nie so weit gekommen.

Natürlich gehört zu einer Sportförderung auch ein guter Skiclub. Wir hatten das Glück, dass der heimische Wintersportverein Reit im Winkl uns mit Herzblut unterstützte. Da gab es genauso skibegeisterte Funktionäre wie meinen Vater, die uns zu den ersten kleinen Kinder- und Jugendrennen schickten und uns später bei bayerischen oder deutschen Meisterschaften unterstützten. Ohne eine derartige Betreuung kann man im Leistungssport nicht bestehen.

Mein Vater begleitete mich immer gern zu den Rennen, die ja meist an den Wochenenden stattfanden. Gerade an diesen Tagen war aber oben auf der Winklmoos am meisten los. Da ich schon von klein auf im Betrieb helfen musste, freute ich mich doppelt auf diese Rennen, weil ich dadurch statt Kartoffelschälen und Abspülen Slalom und Riesenslalom fahren durfte. Der Vater als Betreuer war wahrscheinlich auch ganz froh, dass er »ausbüchsen« konnte. Die Mutti managte dann den Betrieb allein mit den Angestellten. Ich habe sie nie jammern hören, immer war sie gut gelaunt und freute sich, wenn wir am Abend von den Rennen heimkamen und erzählen konnten. Natürlich war die erste Frage: »Und, wie ist es gegangen?« Hinter dem Rücken versteckten wir den Pokal und sagten: »Ganz schlecht ..., aber schau mal!« Klar, dass die Freude dann riesig war. Wir hatten jedoch nie das Gefühl, dass ihr der Pokal wichtig gewesen wäre. Unweigerlich folgte von uns gleich die nächste Frage: »Dürfen wir mit dem Papa am nächsten Wochenende wieder zum Rennen nach Berchtesgaden fahren? Das ist ganz ganz wichtig ...« Natürlich waren wir wieder unterwegs und die Mutti war glücklich.

FIS-A-Rennen in Grindelwald, Schweiz (1966)

A

Es war eine wunderschöne unbeschwerte Rennjugendzeit. Es gab keinen Druck und der Vater genoss die Szene und das Glück der Kinder. Nie gab es ein böses Wort, wenn wir ausschieden oder Fehler machten, höchstens: »Wisst's was, beim nächsten Mal macht's es besser!« Ich wusste genau, was er damit meinte: Ich sollte mich mehr aufs Fahren konzentrieren. Das war schon als Kind eine Schwäche von mir. Alles um mich herum fand ich spannend und wichtig, nur das Rennen nicht. Hauptsache, es war lustig und kameradschaftlich.
Dennoch gewann ich mit sechzehn Jahren meinen ersten Deutscher-Meister-Titel im Slalom, in Aschau 1967. Ein Jahr später folgte der erste Weltcup-Sieg in Schruns. Das Leben im internationalen »Skizirkus« hatte begonnen. Auch wenn die Erwartungen

dadurch größer wurden, meine Unbeschwertheit und die kindliche Freude am Rennsport konnte ich Gott sei Dank in den Weltcup und die internationalen Skirennen mitnehmen. Siegen war mir nicht so wichtig, wichtig war mir ein gutes Verhältnis im Team und zu den Konkurrentinnen. So empfand ich eigentlich keinen großen Druck, weder von Eltern, Trainern, einer Öffentlichkeit oder durch mich selbst. Später erst kam mit der Erfahrung auch die Reife und dadurch die Möglichkeit für sportliche Konstanz.

An mir herumzupfen

»Sind Sie's wirklich?« – »Ja, das ist ja die Rosi Mittermaier! Hallo Rosi, ich kenn dich!« – »Wie schön, dass ich Sie treffe. Hans, schau mal, die Rosi ...« Wie oft habe ich solche Sätze gehört, egal, ob beim Einkaufen oder bei Veranstaltungen. Die Menschen lachen mich an, erzählen mir, der »Fremden«, ihre Lebensgeschichten und wie sehr sie sich freuen, mich kennenzulernen: »Weil ich immer so positiv bin!« Ich erfahre von Krankheiten, Lebenskrisen oder von Begebenheiten, in denen ich irgendeine Rolle im Leben dieser Menschen gespielt habe. Natürlich bleibe ich stehen, unterhalte mich, erzähle von meinen Erfahrungen und versuche, aufzubauen oder einfach nur Aufmerksamkeit zu schenken. Automatisch verrinnt die Zeit und beim Einsteigen ins Auto merke ich dann, dass Christian schon länger wartet oder dass ich zum nächsten Termin zu spät komme. Doch zu spät bin ich ja immer! Aber ist es nicht ein Geschenk, mit so wenig Aufwand anderen eine Freude zu bereiten?
Für mich ist es keine Belastung, ich lasse gerne so an mir herumzupfen, denn ich spüre die positive Energie, die aus solchen Begegnungen gegenseitig fließt. Meist folgt am Ende so einer Unterhaltung noch die Frage nach einem Autogramm. Das gebe

ich von Herzen gerne, aber immer mit einem gegenseitigen Blickkontakt. Mit meiner Unterschrift verschenke ich ein Stück von mir und möchte es persönlich übergeben wissen. Daher mag ich es auch nicht, wenn jemand gleich fünf oder mehr solcher Autogrammkarten verlangt. Was ist es dann noch wert? Ein Autogramm soll etwas Besonderes bleiben und der Beschenkte soll das Gefühl haben, dass es nur für ihn gegeben wurde.

B Beginn einer Liebe

Christian ist ein extrem sensibler und visionärer Mann. Mit Normalität kann er sich schwer abfinden. Er arbeitet andauernd, ist sehr vielseitig und schnell zu begeistern. Eine Freundin von mir hat mal gesagt: »Der hat ein Helfersyndrom!« Kein Wunder, dass er in vielen Projekten mitarbeitet und dort versucht, seine Vorstellung von Nachhaltigkeit umzusetzen. Nachhaltigkeit bedeutet für ihn Qualität und Außergewöhnlichkeit. Das kann anstrengend sein und ist es auch. Nicht nur für mich, sondern sicher auch für die Personen, die mit ihm zusammenarbeiten. Erschwerend kommt hinzu, dass er gnadenlos ehrlich ist. Wenn es ein Geheimnis unserer Ehe gibt, dann besteht es darin, dass man ihn lassen muss, was jedoch nicht heißt, dass ich nicht auch versuche, auf die Bremse zu treten. Keineswegs darf das direkt geschehen, sondern muss geschickt angestellt werden. Am ehesten gelingt es, wenn ich ihn an unsere Gemeinsamkeit und an die bindenden Werte des Miteinander erinnere. Die sind ihm das Wichtigste! So sitzen wir beide in einem Boot: Christian ist der Lenker und Motor und ich versuche, das Boot ruhig zu halten.

Dabei würde ich mich selbst nicht als ruhig bezeichnen, aber ich brauche nicht viel für mein Glück: Harmonie in der Familie, Gesundheit, Natur und ein Zuhause. Träume, Wunschvorstellungen – nicht, dass ich sie nicht auch hätte –, die hängen bei mir jedoch immer mit Familie und mit »Zeit füreinander« zusammen.

Ehrgeiz kenne ich nicht, den hatte ich nicht einmal als Leistungssportlerin, ich werde aber zur »starken« Kämpferin, wenn es um das Glück und Wohl meiner Familie geht. Männer sind von Natur aus ehrgeiziger als Frauen. Vielleicht habe ich mir Christian gerade deshalb unbewusst ausgesucht, weil er diese mir fehlende Seite ergänzt. Das ist natürlich nur eine Facette unserer Beziehung, gerade diese führt jedoch dazu, dass wir so ein abwechslungsreiches und farbiges Leben führen können. Ich wäre auch mit wenig zufrieden, doch ich bin auch dankbar für unser jetziges Leben. Insofern ergänzen uns Christian und ich ideal.

Oft werde ich gefragt, ob ich einen Tipp für eine gut funktionierende Beziehung geben könnte oder: »Was ist Ihr Geheimrezept?« Da gibt es keines! Christian ist einfach der richtige Mann! Ich hatte das Glück, ganz jung auf ihn zu treffen und auch zu fühlen, dass ich ihn nicht wieder loslassen wollte.

Bei Christian war es ebenso. Wir konnten uns mit unserer gemeinsamen Leidenschaft für den Skisport langsam aneinander herantasten und eine unvergleichliche Jugend erleben. Diese Zeit prägt und ist mit den besten Ratschlägen nicht zu ersetzen. Wichtig waren uns immer Ehrlichkeit und der Respekt vor dem anderen. Meine Schwestern und Freundinnen behaupten gerne, ich würde Christian zu stark nachgeben. Das ist sehr einseitig und oberflächlich dahergesagt. Sicher, den Terminkalender bestimmt Christian, bei seinem Inhalt wechseln die Schwerpunkte und liegen je nach Situation mal auf meiner Seite, mal auf Christians Seite. Wichtig ist einzig das gemeinsam Erlebte

Spaß beim Rodeln mit Christian (1974)

und die Freude, an den Interessen des anderen teilhaben zu können. Eine Partnerschaft bedeutet immer auch Verzicht, den sollte man aber freudig erleben, weil man dafür sehr viel mehr geschenkt bekommt, nämlich das Wichtigste im Leben überhaupt: Liebe.
Christian und ich sahen uns zum ersten Mal im Kleinwalsertal bei einem Jugendrennen. Es war 1966, ich war fünfzehn und fuhr mit Fritz Wagnerberger, dem damaligen Sportwart und späteren Präsidenten des DSV, von einem FIS-Rennen kommend über das Kleinwalsertal nach Hause. Fritz wollte dort den deutschen Nachwuchs beim Internationalen Engel-Pokal beobach-

ten. Wir standen also an der Piste und schauten dem Rennen zu. Mit Startnummer 38 kam ein junger Rennfahrer vom SC Partenkirchen, den sich Fritz auf der Startliste extra angekreuzt hatte, und ausgerechnet wenige Meter vor uns passierte das Missgeschick: Der Läufer stürzte und die Bindung ging auf. Damals fuhr man mit einer sogenannten Langriemenbindung, wo der Ski mit dem Skischuh durch Lederriemen verbunden war. Der junge Läufer vor mir lachte, rappelte sich sofort wieder auf und fuhr einfach auf einem Ski die letzten Tore weiter. Hinter ihm wackelte und schleuderte es den verlorenen Ski am Langriemen gefährlich nah am Kopf hin und her, doch er beendete das Rennen. Das imponierte mir.

Später, bei der Siegerehrung traf ich die Jugendmannschaft mit Christian. Ich sehe ihn noch wie heute auf uns zukommen. Lachend begrüßte er den Sportwart Fritz Wagnerberger gleich mit Du, strahlte auch mich mit seinen blitzenden, frechen Augen an und sagte nur kurz: »Servus!« Zum zweiten Mal fiel er mir auf! »Hoppla, der ist aber nett!« Nett ist gut gesagt, beeindruckt hat er mich! Doch ich war viel zu jung, um an »Verliebtsein« zu denken – doch aus dem Kopf ging er mir nicht mehr.

Viel später erzählte er mir, dass er sich noch am gleichen Abend von seiner Freundin getrennt hatte. Dabei war nichts zwischen uns geschehen, einzig ein Händedruck bei der Begrüßung, ein kurzer Wortwechsel und danach ein Servus. Mehr nicht!

Im gleichen Winter trafen wir uns noch bei einigen wenigen Jugendrennen. Es blieb bei kurzen Begrüßungen und Blicken, allerdings mit der Auffälligkeit, dass sie ziemlich intensiv waren. Unser Glück war, dass damals Frauen- und Männer-Teams oft zusammen trainierten und Skirennen zusammen bestritten. Andererseits musste Christian einige Trainingskurse auslassen, da er noch aufs Gymnasium ging und ihn seine Eltern nicht von der Schule befreien wollten. Umso schöner waren daher die gemeinsamen Lehrgänge, wo wir nach dem Skitraining allein zurückblieben, zum Tiefschneefahren gingen oder verrückte Skischwünge probierten. Wir suchten einander, wo es nur ging, keiner sagte dem anderen, weshalb. Es war ein vorsichtiges Herantasten, keiner durfte merken, was man füreinander empfand, und doch flimmerte es und war sichtbar und fühlbar. Die Freunde in der Mannschaft hatten die besten Antennen. Sie spürten, was sich da abspielte, sie verstanden uns und waren ehrenhafte Geheimnisträger.

Damals hatten wir noch keine eigenen Servicemänner, die uns die Ski präparierten. Jeder Rennläufer, auch die Mädchen, war selbst dafür verantwortlich. Ich bin in dieser Zeit absolut verwöhnt worden. Zu Hause machte das mein Vater und bei den Lehrgängen richtete mir Christian bis spät in die Nacht die Ski her. Ich stand dann im Skikeller neben ihm und so wurde diese Arbeit zum ersehnten Abschluss des Tages. Als Gegenliebe strickte ich dem Christian Mützen, weiß mussten sie sein, so wie die von seinem Vorbild Toni Sailer.

Strickanleitung für Wollmütze

Nadelspiel: 4 oder 4 ½
104 Maschen (je nach Wollstärke mehr oder weniger). Bei der weißen Mütze von Christian habe ich die 104 Maschen auf vier Nadeln gleichmäßig verteilt angeschlagen.
Eine erste Runde rechts stricken, danach zwei rechts, zwei links. Dieses Bündchen sollte ca. drei bis vier Zentimeter hoch sein.
Danach rechts weiterstricken.
Je nach Belieben Muster mit zweiter Farbe einstricken. Christian mag seine Mützen am liebsten weiß und nur rechte Maschen.
Ca. 14 Zentimeter (je nach Kopfform) stricken.
Dann mit dem Abnehmen beginnen. Beim Abnehmen eine

Masche normal abstricken, dann die zweite und dritte Masche zusammenstricken.
Am Schluss vor dem Ende der Nadel die drittletzte und zweitletzte Masche zusammenstricken. Die letzte Masche der Nadel wieder normal abstricken. Dies auf allen vier Nadeln wiederholen.
Danach zwei Runden ohne Abnehmen stricken, anschließend wieder eine Runde abnehmen. Das Ganze dreimal wiederholen.
Danach gleiches Verfahren, allerdings mit dem Unterschied, dass nur eine Runde ohne Abnehmen gestrickt wird. Wenn am Schluss noch zwei Maschen auf jeder Nadel übrig bleiben, Strickzeug umdrehen (Nadeln nach innen drehen) und die restlichen Maschen abketten.

So eine selbst gestrickte Mütze war für Christian ein Heiligtum. Wir Mädchen in der Mannschaft strickten auch für andere Mannschaftsmitglieder Mützen in den unterschiedlichsten Mustern und Farben. Am liebsten hätte Christian natürlich als Einziger eine Mütze von mir bekommen, doch es gab ja viele nette Buben, die eine Mütze bekommen wollten. Eine weiße Mütze bekam allerdings nur er, mit der Einzigartigkeit eines innen eingestickten Geheimzeichens unserer Liebe. Zu seinem sechzigsten Geburtstag vor zwei Jahren schenkte ich ihm nochmals so eine weiße Mütze, natürlich mit dem gleichen Glückszeichen.
Ich wohnte in Reit im Winkl und Christian bei seinen Eltern in Garmisch-Partenkirchen. Ab und zu kamen Briefe und Päckchen von ihm auf die Winklmoos. An ein Päckchen zu Weihnachten 1968 erinnere ich mich genau. Meine Eltern hatten es in der Post entdeckt und unter den Weihnachtsbaum gelegt. Ich machte einen schweren Fehler, denn ich öffnete es vor meinen Eltern. Wunderschön mit einem roten Bandl auf einem Weihnachts-

zweig befestigt, lag darin ein Goldring mit einem blauen Lapislazuli. Dazu ein Gedicht aus seiner Feder. Ich weiß noch, wie peinlich mir das vor meinen Eltern war, andererseits war ich das glücklichste Mädchen auf der Welt. Den Ring trage ich noch heute, inzwischen am kleinen Finger, es ist mein Lieblingsring.

Dazu gibt es eine Geschichte aus Japan. Der dortige siebzigjährige Präsident des japanischen Skiverbandes, Mr. Ohashisan, hatte mich sehr ins Herz geschlossen und lud mich jedes Jahr im Frühjahr nach Japan zu Skirennen ein. Christian wurde eigenartigerweise nie eingeladen! Er entdeckte den Ring und ich gab ihn ihm zum Anschauen. Daraufhin steckte er ihn an seinen Finger und wollte ihn nicht mehr hergeben. Ich musste alle Diplomatie anwenden, um ihn wiederzubekommen, doch selbst mit dem stärksten Sumoringer hätte ich es dafür aufgenommen.

Zurück zu Christian: Trotz Ring, wir waren kein Paar im heutigen Sinn. Unser Verliebtsein erfolgte in vielen Etappen. 1968 waren wir im Sommer vom italienischen Tourismus-Verband zu einer Sternfahrt nach Venedig eingeladen. Alle Mannschaftskameraden fuhren mit ihren Freundinnen im eigenen Auto. Ich hatte gerade den Führerschein gemacht und chauffierte Christian. Der konnte nämlich nicht selbst fahren, weil sein Bein durch eine Meniskusverletzung beim Fußball eingegipst war. Doch aus Reit im Winkl folgte noch ein zweites Auto: mein Vater mit meiner Schwester Evi als Aufpasser. So ganz allein wollte er die Tochter dann doch nicht mit dem jungen Draufgänger aus Garmisch-Partenkirchen nach Italien lassen. Ich als Führerscheinneuling war natürlich total happy, gleich so eine weite Fahrt antreten zu dürfen. Christians Gipsbein entpuppte sich also als Glücksfall und er erwies sich als super Fahrlehrer: Ständig dirigierte er mich auf Umwege, wo uns keiner mehr fand. Wir malten Geheimzeichen auf regennasse Scheiben und suchten Berührungen, wo immer möglich. Am Ende des Ausflugs lieferten wir Christian wieder brav in Garmisch ab und zurück ging's auf die Winklmoos. Als ich dann zu Hause meine Handtasche aufmachte, fand ich statt meines Passes seinen Pass. Klar, wer dafür verantwortlich war. Wie bezweckt, musste anschließend in vielen Telefonaten ein Pässeaustauschtermin organisiert und umgesetzt werden, und zwar ohne Begleitfahrzeug!

Noch heute fasziniert mich die Frechheit und Offenheit in seinen Augen. Da ist immer ein Blitzen und Strahlen drin und man muss darauf gefasst sein, dass etwas völlig Unvorhergesehenes passiert. Christian sucht immer das Abenteuer, er will und muss ständig etwas Neues, Außergewöhnliches erleben. Langweilig wird es mit so einem Mann nie. Das Schöne ist, dass wir die Begeisterung für Natur und für Bewegung teilen. Diese Leidenschaften sind sicher auch ein Hauptgrund für unsere glückliche Ehe. Bei aller Gegensätzlichkeit, da erleben und erreichen wir Dimensionen, die uns immer stärker aneinander binden und die jeden Tag neu und spannend machen.

Oft wird Christian gefragt, ob er nicht eifersüchtig sei, weil er keine olympischen Medaillen gewonnen habe, und ob er sich damals überhaupt über meine Medaillen hätte freuen können. Das sind dann so typische Fragen von Menschen, die eher verletzend als neugierig sein wollen oder die noch nie gefühlt haben, dass es nichts Schöneres gibt, als sich mit und über einen geliebten Menschen zu freuen, genauso mit ihm zu leiden und alles gemeinsam durchzustehen. Auf diesem Fundament beruht unsere Zweisamkeit und Ehe. Das Leben im Leistungssport war nur ein

Deutsche Meisterschaften in Aschau, Chiemgau (1967)

kurzer Abschnitt, der Kampf ums Gewinnen war nie die Basis unserer Beziehung. Ein Leben besteht nicht aus der Jagd nach Zehntelsekunden.

Christian und ich sind in völlig unterschiedlichen Elternhäusern aufgewachsen, das macht es spannend und aufregend. Für Christian und mich war das Erleben der »anderen Familie« eine neue, wichtige Erfahrung und ein Eintauchen in andere Welten und Ansichten. Es war und ist eine Bereicherung, die uns beide weitergebracht hat. Doch bei aller Unterschiedlichkeit sind es die Gemeinsamkeiten und Werte unserer Familien, die entscheidend binden. Christians Großvater war ein bekannter Mediziner in Prag, sein Vater praktizierte ebenfalls als Arzt, die Mutter hatte Kunstgeschichte studiert. Aus ähnlicher Leidenschaft wie in meiner Familie zog es auch seine Großeltern und Eltern schon vor dem Krieg in die Berge von Garmisch-Partenkirchen, wo sie sich ein kleines Berghaus bauten. Meine Eltern waren ebenfalls Großstädter, die bis zum Umzug auf die Winklmoosalm in München lebten und dann alle Zelte abbrachen, um sich ein naturbestimmtes Leben zu ermöglichen.

Kriegsbedingt mussten Christians Eltern ins kleine Berghaus fliehen, um einen Neuanfang zu schaffen. Die Berge lehren Zusammenhalt und gegenseitiges Helfen, diese Werte ermöglichten auch unseren Familien, das harte Leben nach dem Krieg zu meistern. Diese Erfahrungen gaben sie uns Kindern durch Vorleben weiter und prägten uns zusätzlich durch die Freude am Skifahren, an der Bergwelt und an unserer bayrischen Kultur. Die schönste Erfahrung aber, die die Kinder Neureuther und Mittermaier machen durften, war die Zeit, die sich unsere Eltern für uns genommen haben. Für mich bedeutete dies das größte Geschenk. Unsere Eltern waren immer für uns da, bis ins hohe Alter. Als wir klein waren, haben sie mit uns gespielt und uns in die Arme genommen, wenn es uns schlecht ging. Wir kamen nie in ein leeres Haus und es wurde dafür gesorgt, dass die »Bäume

nicht in den Himmel wuchsen«. Anpacken und Mithelfen war von klein auf Selbstverständlichkeit. In diesen gemeinsamen Spuren treffen sich Christian und ich und wir hoffen, dass uns unsere Kinder darin folgen.
Slalom ist unsere ureigenste Disziplin, oft begleitete sie uns auch im »richtigen« Leben. Immer wieder war unser Talent dafür gefragt, besonders auch, als es darum ging, unsere Jugendliebe vor der Öffentlichkeit zu schützen. Geboren und aufgewachsen in einer Zeit, als es noch Tabus gab, war uns dies extrem wichtig. Es wäre für mich schrecklich gewesen, in der Zeitung zu lesen, wo wir wann was gemacht oder unternommen haben. Wie belastend und belastet muss eine Beziehung sein, die in der Öffentlichkeit gelebt wird.
Die Medienlandschaft war damals zwar noch eine völlig andere und der Druck von Redaktionen auf Journalisten lange nicht so hoch, dennoch hatten News aus dem Skisport einen hohen Aufmerksamkeitsgrad. Aus einer inneren Scheu und aus Sorge vor Publizität zeigten wir uns daher nie als Paar. Dieser Bereich war nur uns vorbehalten und deshalb besonders wertvoll. Natürlich wussten alle Mannschaftskollegen und Trainer über uns Bescheid, man half uns auch und schützte uns. Ebenso wussten auch viele Journalisten genauestens, was zwischen uns lief, doch auch sie akzeptierten unseren Wunsch nach Privatsphäre und Selbstbestimmung. Ihnen sind wir noch heute dankbar und viele aus der damaligen Zeit zählen noch heute zu unseren Freunden.
Es gab eine Menge Verehrer in meinem Umfeld – und Christian wurde von den Mädchen auch nicht gerade ignoriert. Mein Vater, ein wertebewusster Mann, war einmal richtig sauer auf ihn. Es war im Fasching 1977, wo ich beim Sportlerball des Münchner Merkur als Sportlerin des Jahres geehrt wurde. Mein Vater war auch dabei, wusste jedoch nicht, dass ich direkt nach der Ehrung aus dem Fundus des Staatstheaters ein Haremskostüm angepasst bekommen hatte, um anonym feiern zu kön-

Mit »Pirat« Christian beim Sportlerball des Münchner Merkur (1977)

nen. Niemand erkannte mich als verkleidete Haremsdame, außer Christian natürlich. Auf der Tanzfläche sah dann mein Vater den als Seeräuber verkleideten Christian eng umschlungen mit einer Haremsdame tanzen. Das ging ihm dann doch zu weit, noch dazu, da die Haremsdame eher spärlich bekleidet war. Er war richtig sauer und beruhigte sich erst später, als wir zusammen an seinen Tisch kamen und ich den Schleier lüftete.
Nach den Olympischen Winterspielen 1976 in Innsbruck stieg die Zahl meiner Verehrer rasant, in geradezu schwindelerregende Höhen. In den vier Wochen nach den Spielen erhielt ich rund fünfzigtausend Briefe. Unser Postbote, der Steff, tut mir heute noch leid, denn er musste zusätzlich zu den Briefen unzählige

Päckchen und Pakete auf die Winklmoosalm bringen. Und das bei Schnee und Eis bis hinter ins letzte Eck zu unserem Haus. Zur Belohnung gab's dann von der Mutti ein Tasserl Kaffee oder eine Brotzeit. Unter diesen Schreiben befanden sich mit Sicherheit – ich neige zur Untertreibung – zweihundert Heiratsanträge. Diese Flut von ehewilligen Kandidaten musste erst einmal bewältigt werden. Ich versuchte, mich für die vielen Glückwünsche zu bedanken. Leider ist es mir nicht bei allen gelungen. Hiermit möchte ich mich noch entschuldigen und sagen, dass ich mich über jeden Gruß damals sehr gefreut habe. Noch heute passiert es, dass mich Männer ansprechen und sagen: »Damals habe ich Sie so verehrt, mein ganzes Zimmer war mit Postern, Bildern und Zeitungsausschnitten von Ihnen zugeklebt.« Oder Jugendliche erzählen mir: »Mein Papa, der war mal voll verliebt in Sie. Meine Mama weiß das, hat aber gar nichts dagegen.«
Erst vor wenigen Tagen traf ich auf einer Veranstaltung den Chef einer Landesbank. Christian und ich standen zusammen und er erzählte, dass er sich 1976 extra einen Schwarz-Weiß-Fernseher angeschafft hatte, nur um die Skirennen verfolgen zu können. Ein Farbfernseher wäre zu teuer gewesen. Bei dieser Erzählung hat er nur mich angeschaut und Christian keines Blickes gewürdigt. Das ist nichts Neues und Christian genießt die Situation. Es macht ihn stolz, eine Frau erobert zu haben, die anscheinend einmal ziemlich begehrt war, und hat »Mitleid« mit den gehörnten Liebhabern ...

Bewegungstrieb

Ohne Bewegung kann ich nicht leben. Der Bewegungstrieb ist der biologische Urtrieb des Menschen überhaupt. In unserer zivilisierten Welt droht er allerdings zu verkümmern oder, besser

gesagt, verkümmert zu werden. Es sind die Steinzeitgene, die uns immer noch dominieren: Stellt man sich die gesamte Menschheitsgeschichte als einen Vierundzwanzigstundentag vor, dann war der Mensch bis kurz vor Mitternacht ein Jäger und Sammler. Der Mann legte täglich zwanzig bis fünfundzwanzig Kilometer zurück, Frauen zwischen zehn und zwölf. Wir schaffen es im 21. Jahrhundert, wenn es gut geht, auf zwei bis vier Kilometer.
Noch fataler ist die Situation für die Kinder. Babys drücken sich durch Strampeln aus, bevor sie Worte bilden können. Toben, Klettern, Balancieren sind die Bausteine für ihre Gesundheit. Kinder nehmen die Welt viel mehr mit dem Körper als mit dem Geist auf, daher ist die geistige und seelische Entwicklung eng mit Sinnes- und Bewegungserlebnissen verbunden. Kinder, die sich so entwickeln dürfen, sind Kinder im Gleichgewicht – im doppelten Wortsinn: körperlich und geistig. Viele Kinder mit trägem Lebensstil merken, dass ihnen etwas fehlt, was sie stark und fröhlich macht. Jedes Kind hat seine eigenen Bewegungstalente. Entscheidend ist es, sie zu erkennen, Bewegungsfreiheiten zu geben und die Kinder möglichst viel ausprobieren zu lassen. Nicht Ihre Vorstellung von der Sportart des Kindes ist wichtig, sondern die Sportart, in der Ihr Kind Spaß und Entwicklungspotenzial hat. Dadurch schaffen Sie Erfolgserlebnisse und Lob. Nichts ist wichtiger für die psychische Entwicklung eines Kindes als Lob!
Außerdem wissen wir heute, dass das Kleinhirn als Bewegungszentrum am Erlernen allgemein geistiger Fähigkeiten entscheidend beteiligt ist, Sport und Bewegung darf deshalb auf keinen Fall auf der Streichliste von Kindergärten und Schulen stehen. Doch auch wir Eltern stehen in der Verantwortung, diesen fundamentalen Erkenntnissen der Biologie des Menschen gerecht zu werden und unseren Kindern Spiel und Bewegung zu ermöglichen.
Kinder sollen nie länger als zwei Stunden inaktiv sein, die unter Sechsjährigen sogar höchstens sechzig Minuten. Eine große

Herausforderung in Zeiten von Playstation, Computer und TV. Ich komme wieder auf mein Credo von der »Zeit für die Kinder« zurück. Wir waren jeden Tag mit den Eltern oder Großeltern im besten Kindergarten der Welt unterwegs: der Natur. Darin haben wir uns den gesamten Bewegungs- und Koordinationsbedarf fürs restliche Leben durch Spiel und Spaß zwanglos angeeignet. Heute tickt die Gesellschaft anders, Ehepartner müssen beide zum Arbeiten gehen, Frauen wollen sich selbstverwirklichen und in der Freizeit lockt ein unglaublich breit gefächertes Angebot. Es bleibt weniger Zeit als früher, sich um die Kinder zu kümmern und sich mit ihnen draußen in der frischen Luft zu bewegen. Also werden unsere Nachkommen in bewegungsarme Kitas, in Kindergärten und schließlich in Schulen gesteckt, wo Sportstunden wegrationalisiert werden – ein schrecklicher Trend, denn die in diesem Alter gesetzten Fehlentwicklungen begleiten die Kinder ein Leben lang und holen uns in nicht mehr bezahlbaren Krankenkosten wieder ein. Mein Wunsch an alle Eltern wäre, ihren Kindern möglichst viel Zeit zu schenken, mit ihnen zu spielen und zusammen zu sein. Sie ermöglichen ihnen ein gesünderes und fröhlicheres Leben und bekommen unvergleichliche Erinnerungen geschenkt. In welchem Lebensbereich gibt es eine größere Win-win-Situation?

Ganz aktuell ärgere ich mich über lokale Widerstände hier in Garmisch-Partenkirchen gegen Olympia 2018. Wenn sich ein Ort gegen Olympia ausspricht, dann spricht er sich auch gegen eine der wichtigsten Säulen unserer Gesellschaft, den Sport und seine Organisationen, aus. Großereignisse sind nicht entscheidend für einen kleinen Ort, sondern für ein ganzes Land. Gerade durch Olympia und durch unsere einzigartigen Spitzensportler können wir der Sportentwicklung einen entscheidenden Impuls geben. Nehmen Sie nur das spannende Thema Integration. Nirgendwo wird Integration besser vorgelebt als in Sportvereinen. In der F-Jugend des örtlichen Clubs spielen Kinder aller Nationalitäten und Hautfarben zusammen Fußball. Die Eltern sitzen gemeinsam draußen und schauen zu. Sie organisieren Grillfeste oder Fahrten zu Auswärtsspielen. Es gibt keine bessere Art des Miteinanders und der Überbrückung kultureller Gegensätze. Dieses wertvolle Fundament braucht das klare Bekenntnis zum Spitzensport. Großereignisse wie Olympische Spiele im eigenen Land befeuern diese Werte, das hat die Fußballweltmeisterschaft 2006 eindrucksvoll gezeigt.

Gemeinsam können wir sehr viel bewirken, allerdings nur, wenn wir selbst wissen, wie wichtig Bewegung für unser Leben ist. Mir wurde das schmerzlich bewusst, als man bei mir mit zwölf Jahren einen komplizierten Knöchelbruch diagnostizierte. Ein kräftiger Mann hatte mich beim Skifahren zusammengefahren. Seinen Namen habe ich bis heute nicht vergessen, ebenso nicht das Datum: 23. Januar 1963. Wahrscheinlich wüsste ich es sogar noch in geistiger Umnachtung. Es war am Dürnbachhorn, im steileren Teil, ich stand am Pistenrand – und auf einmal steuerte dieser Mann direkt auf mich zu, er machte keinerlei Ausweichbemühungen und krachte voll in mich hinein. Der Bruch war wegen meiner noch jugendlichen Gelenke kompliziert, ich bekam vier Wochen einen Liegegips und danach nochmals vier Wochen einen Gehgips. Nach unendlich langem Warten wurde er endlich abgenommen und durch einen Zinkleimverband ersetzt. Doch Skifahren war selbstverständlich verboten, und zwar strengstens. Wie sollte ich das aushalten? Draußen lag herrlicher Schnee, die Schwestern waren mit den Skiern unterwegs und ich saß vor dem Haus und schaute in die verschneiten Berge. Ich hielt es nicht mehr aus, ich musste raus, und zwar sofort. Mein Vater gab an diesem Tag einigen Studenten Skikurs und die Mutter war in der Küche beschäftigt. Die Gelegenheit war günstig. Ich zog heimlich meine Skischuhe an, packte die Ski und eilte zum Lotharhang hinüber. Dort konnte mich eigentlich niemand entdecken.

Sommertraining auf dem Gletscher in Sölden (1974)

Am Hang trainierten gerade die beiden Schweinsteiger-Buben mit ihrem Vater, genauer gesagt mit dem Großvater des Bayern-München-Spielers Bastian Schweinsteiger. Sie kamen oft auf die Winklmoos und wir kannten uns gut. Sie hatten sich eine Schneeschanze gebaut und hatten riesigen Spaß. Die Begrüßung war freudig, doch ich probierte, bei aller Begeisterung, erst einmal abseits meine ersten Schwünge. Ich war selig, spürte keine Schmerzen im Bein. Es war herrlich, endlich wieder auf meinen Skiern zu stehen! Ich sah, wie die Schweinsteigers ihre Skisachen zusammenpackten und den Hang verließen. Magisch zog mich auf einmal die verlassene Schanze an. Ich fuhr vorsichtig auf den Schanzentisch und testete ihn. Dann nahm ich beruhigt Anlauf. Ich flog herrlich weit, hatte die Schanze jedoch total unterschätzt und landete mit den Skispitzen nach unten im Flachen. Ein Kapitalsturz! Ich merkte sofort, mit dem gebrochenen Fuß stimmte etwas nicht. Ein Soldat der benachbarten Bundeswehrhütte brachte mich »buckelkraxl« zur Hochschulhütte und zu meiner Mutter. »Tut gar nicht so weh«, sagte ich und biss die Zähne zusammen. Erst recht als mein Vater kam, spielte ich die Schmerzen herunter und schaute nur, dass ich schnell ins Bett kam. Doch nachts ging's dann los, das Bein pochte und ich hatte höllische Schmerzen. Evi flößte mir unentwegt Limonade ein, in der Hoffnung, das würde helfen. Doch nichts half. Ich schickte Evi zu den Eltern ins andere Haus und wir fuhren sofort ins Krankenhaus. Es war keine lustige Fahrt, mein Vater war richtig verärgert und schimpfte auf der ganzen Fahrt über so viel Blödheit. Die Diagnose war niederschmetternd: Skischuhrandbruch! Ich bekam wieder einen Gips, diesmal bis zum Oberschenkel, und war regelrecht bewegungslos, wie eine Schildkröte, was mir als Übermotorikerin doppelt wehtat. Weitere sechs Wochen musste ich aushalten, bis auch dieser Gips entfernt wurde. Der Winter war vorbei!

Während dieser Zeit besuchte uns »Barbi« Henneberger, die engste Freundin meiner Schwester Heidi. Sie war das Idol und Vorbild meiner Skigeneration: bildhübsch, natürlich und einfach ein Goldstück. Auch Christian, von dem ich damals noch nicht mal etwas ahnte, hatte sie als Idol auserkoren und verehrte sie sehr. Ihren größten Erfolg errang sie bei den Olympischen Winterspielen 1960 in Squaw Valley (USA), als sie die Bronzemedaille im Slalom gewann. Ein Jahr nach meinem Beinbruch kam sie in einer Lawine tragisch ums Leben. Sie wird bei uns, die wir sie erleben durften, unvergessen bleiben.

Barbi ließ es sich bei ihrem Besuch nicht nehmen, mir ein Autogramm auf den Gipsfuß zu geben, darüber schrieb sie noch: »Es wird schon wieder! Viel Glück!« Ich war unglaublich stolz auf dieses seltene Autogramm, doch als mir der Gips abgenommen wurde, schnitt der Arzthelfer mitten durch das Autogramm. So

Das »Dreimäderlhaus« von der Winklmoos: Evi, ich und Heidi (1967)

B blieb mir von meinem Unfall nichts, auf das ich wenigstens ein wenig hätte stolz sein können.
Reha kannte man zu der Zeit noch nicht. In meiner Bewegungslosigkeit begann ich damals zu zeichnen und kritzelte jedes leere Blatt Papier voll. Diese Betätigung erfüllte mich mit großer Befriedigung, ich vergaß darüber meine Schmerzen und meine Einschränkung und konnte mir vorstellen, neben dem Skifahren auch einmal einen künstlerischen Beruf zu erlernen. Nun, das Leben hat es anders gewollt, aber noch heute kann ich stundenlang dasitzen, Alben ausmalen oder mich mit Kunst beschäftigen. Die einzigartige Freiheit und das unkomplizierte Leben auf der Winklmoosalm prägten meine Gedanken und meine Weltanschauung. Noch heute bewege ich mich darin wie früher. Das

unerschütterliche Vertrauen in meine Eltern und mein Umfeld gab mir eine Sicherheit und ein Urgefühl, für das ich heute noch dankbar bin.
Was hatte ich für ein Glück, in so eine Familie hineingeboren zu werden. Eigentlich lebe ich immer noch in dieser »kleinen Welt«, ich brauche keine andere und erlebe eher kopfschüttelnd eine derzeitige Welt, in der nur noch Äußerlichkeiten und Eitelkeiten wichtig zu sein scheinen. Ich glaube nicht, dass sich die Menschen groß geändert haben, es geht uns halt nur zu gut.
So freue ich mich, dass ich einen Teil meines »Ichs« Institutionen und Menschen widmen kann, die Hilfe benötigen. Christian und ich sind in viele Projekte involviert, mein Hauptanliegen gilt jedoch den rheumakranken Kindern. Meine Kinder-Rheumastiftung, für die ich Schirmherrin sein darf, hat ihren Ursprung hier in Garmisch-Partenkirchen. Ich kannte die hiesige Rheumaklinik von Erzählungen aus Christians Jugend. Sein Vater ließ ihn dort wegen eines angeblichen Herzfehlers überwachen. Jeder hier am Ort kennt diese Klinik, die weltweit einen einzigartigen Ruf hat. Auch nicht rheumakranke Kinder werden dort betreut und so kam es, dass auch ich mit unseren Kindern hinging, wenn eine Untersuchung fällig war. Bei diesen Gelegenheiten habe ich kennengelernt, was es heißt, wenn ein Kind an Rheuma erkrankt. Obwohl es ca. fünfzigtausend rheumakranke Kinder in Deutschland gibt, ist die Krankheit und die Möglichkeit einer rechtzeitigen Früherkennung relativ unbekannt. Gerade die Früherkennung entscheidet jedoch darüber, ob Rheuma ein Kind ein Leben lang behindert oder nicht. In ganz schweren Fällen kann Rheuma bei Kindern sogar Organe schädigen oder zum Tod führen.
Ich kannte also diese Klinik mit ihren wunderbaren Ärzten, Schwestern und Therapeuten, als mich der Chefarzt Dr. Truckenbrodt fragte, ob ich nicht die Schirmherrin einer bundesweiten Rheumastiftung werden wolle. Da ich immer einen per-

sönlichen Bezug für ein Engagement brauche, sagte ich mit Freude zu. Im Jahr 2000 gründeten wir die Stiftung und seitdem »wirbeln« Christian und ich, um möglichst viel Geld einzusammeln und eine möglichst breite Öffentlichkeit über die Krankheit zu informieren. Ich habe inzwischen alle Rheumazentren in Deutschland besucht und finde es wunderbar, Kindern, die sich nicht oder nur unter Schmerzen bewegen können, ein bisschen helfen zu können. Wenn Rheuma die Gelenke befallen hat, heißt das für die Kinder tägliches Üben. Da die Betroffenen lange und immer wiederkehrende Aufenthalte benötigen, gibt es sogar einen eigenen Schulunterricht in der Klinik.

Bei meinen Besuchen versuche ich natürlich alles, um die Kinder zu motivieren. Am besten gelingt das mit Geschichten aus dem Sport und ich vergleiche sie mit Leistungssportlern, die auch täglich trainieren müssen, um Erfolg zu haben. Ich muss mich dann schon über mich selbst wundern, weil ich kranken Kindern von wohlbehüteten Leistungssportlern erzähle, wo es eigentlich umgekehrt sein müsste. Was wird für ein Hype um unsere Topathleten gemacht, jedes kleine Wehwehchen ist eine Schlagzeile wert und wird breit diskutiert. Meine Helden sind die Kinder in der Klinik, die jeden Tag aufs Neue für sich und ihre Gesundheit kämpfen. Meine Helden sind die Ärzte, Betreuer und Eltern, die sich aufopferungsvoll um die Zukunft dieser Kinder kümmern, die mich positiv anstrahlen und mir berichten, wie gut es ihnen geht.

Bewegung ist der Schlüssel für ein langes und aktives Leben. Bewegung muss jedoch nicht unbedingt im Sportverein oder Fitnessstudio stattfinden. Unser tägliches Leben bietet genügend Gelegenheiten, uns im Sinne der Gesundheitsförderung fit zu halten, denn es sind auch die kleinen Häppchen, die zählen.

Ich freue mich über jede Treppe, die ich sehe, und nehme sie mit Freude an. Einen Aufzug nutze ich sehr selten. Ich finde es super, wenn ich im ersten Stock etwas vergessen habe und es im Sprint

Windsurfen am Walchensee (1975)

holen kann. Ich fahre mit dem Radl zum Einkaufen und gehe bewusst etwas flotter spazieren. Alles zählt und Rasenmähen ohne Motorantrieb ist für uns Normalsterbliche wie Magaths Medizinball für Fußballprofis. Ausreden gibt es keine: »Everything counts!« Machen Sie's wie ich, bauen Sie in den Alltag viele kleine Fitnesseinheiten ein. Werden auch Sie zum »Sportler oder zur Sportlerin des Alltags«. Da wird so manche Pflicht zur Freude. »Keine Zeit!«, ist ab sofort keine Ausrede mehr. Es ist meine Philosophie, dass man auch im Kleinen Großes bewirken kann. Ich fange schon in der Früh beim Aufstehen an. Die Zeit vom Zähneputzen nutze ich gleichzeitig für eine erste Krafteinheit: Kniebeugen. Ich stehe dabei vor dem Waschbecken und beuge und strecke im Rhythmus zur Zahnbürste meine Knie. Kleiner Tipp dazu: Die Beine leicht spreizen, dann stößt man nicht ans Waschbecken, und den Bauch einziehen, das hilft den Problemzonen.

Oder: Drücken Sie sich mit den Fußspitzen langsam vom Boden ab und senken Sie anschließend die Fersen Richtung Boden, ohne ganz abzusetzen. Das kräftigt Ihre Fuß- und Wadenmuskulatur und aktiviert den Blutkreislauf. Bei so einer Einheit verbrauchen Sie dreißig Kalorien, macht zweihundert in der Woche, und auch der Zahnarzt freut sich.

Es gibt jede Menge Möglichkeiten, ein bisschen zu »trainieren«, ohne dafür extra Zeit aufzuwenden. Eine davon: Beim Fensterputzen drücke ich bewusst fester auf die Scheiben und benutze nicht nur die rechte Hand, sondern genauso die linke, damit auch auf dieser Körperseite die Muskeln beansprucht werden.

Oder: Wenn ich morgens im Bett liege, versuche ich, mit den Zehen die Bettdecke anzuheben. Das Ganze zehn- bis zwanzigmal hintereinander, schon bilden sich Sixpacks.

Der Schlüssel zur Gesundheit liegt natürlich im erhöhten Energieverbrauch durch Bewegung. Zweitausend zusätzliche Kalorien pro Woche wären optimal. Ob Sie diese zu Fuß, durch Radln, Rasenmähen oder Tanzen abarbeiten, ist egal. Hauptsache: Sie tun es!

Für jemanden, der sich überhaupt nicht bewegen will, muss es frustrierend sein, immer wieder zu hören, wie wichtig Bewegung ist. Ohne Spaß und Überzeugung können Sie's vergessen. Suchen Sie sich also Bewegungsarten, die Ihnen Spaß machen. Kaufen Sie sich eine tolle Sportbekleidung oder besser gesagt »Sport-Couture«, in der Sie richtig gut aussehen. Gehen Sie in einen Verein oder schließen Sie sich einer Sportgruppe mit festen Treffpunkten an. Gönnen Sie sich Belohnungen: »Wenn ich vier Wochen hintereinander dreimal pro Woche zum Nordic Walking gehe, gönne ich mir ein Wellness-Wochenende in einem schönen Hotel.«

Christian ist ja auch nicht unbedingt Trainingsweltmeister. Typisch für ihn: Er macht sich einen Plan, schließt sozusagen mit sich selbst einen Vertrag. Auf diese Idee käme ich nie, doch kommt es auch mir zugute, denn er zieht mich mit. Er notiert in seinem Terminkalender, wann er welchen Sport machen will oder gemacht hat, und trägt sich seine Sport- und Bewegungsarten mit einem Kürzel darin ein. Da steht dann: NW = Nordic Walking, JO = Jogging, LL = Langlaufen, MB = Mountainbike usw. Wenn er dann die Wochen- oder Monatsliste ansieht, ist er stolz und freut sich und ich mich natürlich auch.

Beziehungseier

Traditionen sind in unserer Familie sehr wichtig. Christian ist auf diesem Gebiet noch extremer als ich. Übers ganze Jahr spielen sich zu den verschiedensten Anlässen alte, von den vorigen Generationen übernommene Rituale ab. Zum Teil ist das schon sehr lustig und fast Comedy. Dennoch wollen gerade die Kinder diese Riten beibehalten und wehe, wir machen irgendetwas einmal anders. Für uns Eltern ist es ein wunderbares Gefühl, zu erleben, wie diese Traditionen in den eigenen Kindern weitergelebt werden.

Eine dieser festen Traditionen ist das alljährliche Eiermalen am Abend des Karsamstags. Es geht darum, für jedes Familienmitglied ein sinniges, beziehungsreiches Osterei zu gestalten, und zwar wie folgt: Ein Ei wird ausgeblasen und auf dem weißen Untergrund wird eine Geschichte, ein Ereignis oder eine besondere Beziehung zeichnerisch dargestellt. Das darf ruhig witzig, anzüglich oder auch intim sein. Vorrangig sind allein Gedanken, die man sich mit oder über den Beschenkten macht. Alles darf festgehalten werden, was irgendwie lustig oder von Bedeutung war. Wenn Felix Probleme in Mathe oder Latein hatte, malte ihm Christian mathematische Formeln auf die Eierschale oder pinselte lateinische Sprüche darauf. Auch manche »runde« Schulnote wurde verewigt. Als Ameli während ihres Studiums von München nach England wechselte, bemalte Felix das Ei für seine Schwester rundum mit der englischen Flagge, dem Union Jack. Die kannte er vom Fußball. Nach Amelis Prüfung zur Modedesignerin beklebte ich ihr Ei völlig mit kleinen Stoffresten aus der Abschlusskollektion, was echt lustig aussah. Ostern 2010 malte Ameli wiederum ein Porträt von mir auf das Ei mit schrecklich roten Backen. Drunter schrieb sie: »Tatütata, die Feuerwehr ist da«. Die Anzüglichkeit bestand darin, dass ich sehr leicht rote Backen bekomme, wenn mir zu heiß wird.

Ameli und Felix lieben und leben diese Tradition bis heute. Die frisch bemalten Beziehungseier sind der wichtigste Bestandteil des Osternests. Mit großem »Hallo« werden die Eier aus dem Nest geholt, begutachtet und später an den Osterbaum gehängt. Dort hängen schon viele Eier aus den letzten Jahrzehnten, die die lustigsten Geschichten aus der Vergangenheit erzählen und einen in die damalige Zeit zurückversetzen.

Bud-Spencer-Suppe

Als unsere Kinder so zehn und dreizehn Jahre alt waren, durften sie mit uns in den Sommerferien nach Paris und zu Euro-Disney. Die Reise war eine Überraschung und wir verrieten den Kindern nicht, wohin es gehen sollte. Ewig wurde gerätselt und nachgehakt, Felix packte sicherheitshalber seine Flossen und Taucherbrille ein und war total enttäuscht, als er sie wieder auspacken musste. Immerhin durfte ein Badeanzug mitgenommen werden, doch auch der war von uns nur als Täuschungsmanöver ausgedacht. Wir fuhren zum Flughafen und die ganze Fahrt löcherten uns Ameli und Felix wegen des Reiseziels. Als sie an der Anzeigentafel »Paris« lasen, konnten sie gar nichts damit anfangen und waren eher enttäuscht. Das änderte sich schlagartig im Park. Mickey Mouse und Donald Duck, die tollen Bahnen, so etwas hatten wir noch nie erlebt. Unvergesslich bleibt eine Rodeoshow, die bis heute sogar unseren Speiseplan mitbestimmt. Wir saßen in einem Zirkuszelt und als Überraschung wurde in einem zerbeulten Blechnapf »Chili con Carne« serviert, dazu gab's einen Cowboyhut auf den Kopf und wir fühlten uns wie Bud Spencer und Terence Hill. Felix war in seinem Element und spielte nur noch »Vier Fäuste für ein Halleluja«.

Den Blechnapf durften wir nicht mitnehmen, aber die Kinder setzten mich zu Hause so unter Druck, dass mir nichts anderes übrig blieb, als eine eigene »Bud-Spencer-Suppe« zu kreieren. Die ist im Hause inzwischen ein Klassiker und ich kann sie nur jeder Hausfrau empfehlen. Die geht schnell, besonders wenn unerwartete Gäste kommen, schmeckt sensationell und kann wunderbar variiert werden.

»Bud-Spencer-Suppe«

Geht schnell, schmeckt super, begeistert auch verwöhnte Gäste und ist ein feuriges Gericht, wenn die Freunde zum Einkehrschwung vorbeischau'n.

Zutaten
1 große Zwiebel
2 Knoblauchzehen
1–2 Paprikaschoten grün oder rot
4 EL Olivenöl

500 g gemischtes Hackfleisch
2 Chilischoten oder Chiligewürz
1 kg geschälte Tomaten aus der Dose oder gleiche Menge frische Tomaten
3 Kartoffeln (geht auch ohne)
½ TL getrockneter Oregano
500 g Bohnen, rot und/oder weiß gemischt, aus der Dose
Salz, Pfeffer, Cayennepfeffer, Tabascosauce (wer's scharf mag)
Petersilie

Zubereitung: ca. 30 Minuten

Die Zwiebel und die Knoblauchzehen hacken. Die Paprikaschoten putzen und in Würfel schneiden.
Das Öl in einem Topf erhitzen, Zwiebel und Knoblauch glasig braten. Das Hackfleisch und die Paprikaschote zugeben und bei starker Hitze unter Rühren 5 Minuten anbraten. Die getrockneten Chilischoten klein schneiden. Etwas Fleischbrühe oder Wasser hinzugeben.
Die Tomaten mit dem Saft, die zu Würfeln geschnittenen Kartoffeln, den Oregano und die Chilischoten dazugeben. Alles bei milder Hitze 15 Minuten kochen lassen.
Die Bohnen abtropfen lassen und zur Hackfleischmischung geben. Das Gericht weitere 10 Minuten köcheln lassen.
Den Eintopf mit Salz, Pfeffer, Cayennepfeffer und Tabascosauce scharf abschmecken und am Schluss die fein gehackte Petersilie untermischen.

Am besten schmeckt die Bud-Spencer-Suppe mit Schwarzbrot, frisch vom Brotlaib mit der Hand abgeschnitten, und serviert im Blechnapf.

Auf Nachfrage bei Bud Spencer: Wenn kein Hackfleisch im Haus ist, kann man das Gericht genauso mit geschnittenen Würsteln, Wienerle und besonders mit Cabanos zubereiten.

Bei Cabanos fällt mir eine der großen Begegnungen meines Lebens ein. Viele Sportler und Sportfreunde werden mit seinem Namen sofort etwas anzufangen wissen: Rudi Houdek. Er kam nach dem Krieg nach Deutschland und baute aus dem Nichts ein florierendes Fleisch verarbeitendes Unternehmen auf. Seine größte Erfolgsstory sind die Cabanos, sie ist seine Erfindung und hat sicher wesentlich zu seinem Geschäftserfolg beigetragen. Er war ein Mann mit einem unvergleichlichen Herzen. Er und seine Frau Waggi haben immer geholfen, wenn man in Not war. Das galt für seine Mitarbeiter ebenso wie für uns Sportler.
Sport war seine Leidenschaft und die galt den Sportlern und dem FC Bayern. Er hat sie alle gekannt, und sie waren seine Freunde: Fitz Walter, Uwe Seeler, Willi Holdorf, Uli Hoeneß und besonders der »Franz« – das war eine Lebensfreundschaft, die zwei waren wie Vater und Sohn, einzigartig. Beim FC Bayern war er im Aufsichtsrat, den TSV 1860 hat er ebenso unterstützt. War eine Jugendmannschaft in Not, der Rudi hat geholfen. Das Einzigartige an ihm war, dass er nie danach gefragt hat, was er dafür zurückbekommt. Es war die tiefe Überzeugung von ihm, etwas von dem Glück, das er im Leben hatte, an andere weiterzugeben.
Nach meinen Medaillen in Innsbruck bekam ich von ebendiesen beiden, von Waggi und Rudi, eine goldene Rose mit Brillantsteinchen als Schmuckstück, die sie mir aus Freude über die Erfolge hatten anfertigen lassen. Wir kannten uns bis dahin noch gar nicht. Daraus entstand eine innige Freundschaft und die Houdeks waren bei unserer Hochzeit und den Taufen unserer Kinder dabei, sie waren Teil unserer Familie. Rudi ist Gott sei Dank sehr alt geworden und er war bis zu seinem Tod topfit.

Alles, was er von Herzen verteilte, bekam er durch die Freundschaft und Liebe seiner Freunde mehrfach wieder zurück. Ein schöneres Dankeschön konnte es für ihn nicht geben.
Solche Begegnungen bleiben nicht ohne Spuren. Unser Freund, Trainer und Lebensbegleiter Heinz Mohr lernte auch Rudi Houdek kennen. Dadurch kamen wir auf die Idee, einen Förderverein ehemaliger Skirennfahrer zu gründen, der das Ziel hat, den Nachwuchs und Rennfahrer zu unterstützen, die Hilfe benötigen. 1990 war es so weit und Heinz Mohr, Michael Veith (Silbermedaille bei der WM 1978 in der Abfahrt), Christian und ich gründeten den »DSV-Förderverein« der Alpinen Skifahrer, der bis heute ein wichtiges Bindeglied der Ski-Generationen untereinander ist. Einmal im Jahr treffen wir uns, sporteln zusammen und feiern natürlich. Dadurch lernen sich Jung und Alt kennen und schaffen Bindungen und Verbindungen, die anderen wieder zugutekommen. Natürlich wird auch Geld eingesammelt und in der Gemeinschaft wird entschieden, an wen und wohin es weitergeleitet wird.
Wie der Name schon sagt, fördern wir junge Skitalente, finanzieren Nachhilfestunden oder springen beim Kauf von Ausrüstung und Skipässen ein, wenn Eltern sich den kostenintensiven Skisport nicht leisten können. Auch bei uns ist dieses Engagement einem »Herzbluttäter« zu verdanken: Heinz Mohr! Diese Menschen tragen unsere Gesellschaft, weil sie nicht fragen: »Was bekomme ich dafür«, sondern weil sie ihre innere Leidenschaft für den Sport auch nach außen leben und danach handeln.

C Christian, so wie er mich sieht

Christian: Als wir uns kennenlernten, haben zwei Räder ineinandergepasst. Die drehen in den Grundwerten unserer Beziehung harmonisch und synchron. Unsere Zeit verbringen wir am liebsten mit der Familie, wir haben einen kleinen, aber engen Freundeskreis und wir ziehen einen Tag am Berg jedem »Event« vor. Wir freuen uns über Engagements, wo es um Bewegung, Sport oder ideelle Einsätze geht. Small Talk ist uns eine Qual. Trotzdem und Gott sei Dank sind wir in vielen Veranlagungen extrem unterschiedlich. Für mich ist das ein von der Natur gewolltes Überlebensprinzip, da dadurch Stärken und Schwächen gegenseitig ausgeglichen werden. Das macht unsere Gemeinschaft weniger verletzbar.
Ich sag's mal vorsichtig: Organisation und Planung sind nicht unbedingt Rosis Stärke. Rosi lebt gerne in den Tag hinein. Ihr Vater Heinrich war das dominante Haupt der Familie, der den Tagesablauf der Familie und den Hüttenbetrieb organisierte. Zu Hause musste sie sich daher um nichts kümmern, Heinrich bestimmte den Rhythmus der Familie. Rosi und ihre Schwestern

wurden von klein auf in die Arbeitsabläufe einbezogen. Als Zehnjährige hieß es da schon abtrocknen, Kartoffeln schälen, aufdecken usw. Die Küche war das Revier von Mutter Rosa, die Arbeit war unangenehm und nicht beliebt. Um wie viel schöner war es draußen im Freien mit dem Vater, beim Holzen, Nageln, Wegrichten, Malen: Das war's, was Rosi gefiel. Und Heinrich war bei all der Arbeit auch der ideale Spielgefährte. Am meisten freute es ihn, mit Rosi Burgen oder Baumlager zu bauen oder Ausflüge in die Umgebung zu machen. Mit seiner Fantasie machte er die Natur zu einer realen Märchenlandschaft, in die er die Kinder mit Spielen und Erzählungen integrierte. Bis ins hohe Alter fühlten sich daher auch fremde Kinder zu ihm hingezogen und ein Besuch beim »Opa« auf der Winklmoos war der Höhepunkt eines Wochenendes oder Ferienausfluges. Kein Wunder, dass Rosi einen starken Bezug zu ihrem Vater bekam. Diese Erlebnisse waren prägend, wir in der Familie spüren das noch heute, denn am liebsten erzählt Rosi aus diesen Jugendtagen und »spielt« uns heute noch vor, was sie damals erleben durfte. Dann erleben wir einen Blick in eine andere, heilere Welt. Unsere Kinder sehen sich dann an und können damit nur mehr wenig anfangen.

Mit fünfzehn Jahren kam Rosi bereits in die Skinationalmannschaft. Als kleine Schwester von Heidi wurde sie natürlich besonders fürsorglich behandelt. Man muss sich vorstellen, ein Leben in einem Nationalteam ist perfekt durchstrukturiert und organisiert. Der Athlet erfährt eine optimale Betreuung, alles wird ihm abgenommen und er braucht sich ausschließlich auf seinen Sport zu konzentrieren. Der Tagesablauf wird von den Trainern geplant, bestimmt und überwacht. Man bekommt gesagt, wann man aufstehen soll, wie man trainieren soll und wann man ins Bett gehen soll.

Diese Erfahrungen haben nicht dazu beitragen können, dass Rosi selbstständiger wurde. Wozu auch, die Natur und die Erziehung haben sie mit einer Selbstlosigkeit und Bescheidenheit aus-

Hausbau der Eltern (1968)

gestattet, dass sie nicht planen muss, weil sie selbst nichts braucht. Sie stellt keine Ansprüche an sich, sondern ist lieber für andere da und schafft durch ihre Ausgeglichenheit eine einzigartige Atmosphäre. Rosi ruht in sich selbst, trotz allem Rummel und aller Öffentlichkeit hat sie sich in dieser Hinsicht überhaupt nicht verändert. Das Gänseblümchen auf der Wiese ist für sie wertvoller als die gezüchtete Orchidee. Vor dem Rasenmähen pflückt sie noch schnell die kleinen weißen Blüten und steckt sie in die Vase.

Rosi bräuchte kein großes Haus oder einen gestalteten Garten, ihr würde sprichwörtlich »ein Leben auf der Alm« zum Glücklichsein genügen. Solange die Familie harmoniert und gesund ist, gibt es keinen Grund zur Traurigkeit. Wenn Felix bei einem Welt-

cuprennen ausscheidet und ich als Vater »die Nerven verliere«, kommt ihr Credo, bei dem ich an die Decke gehen könnte: »Ist doch nur Sport, Hauptsache, es ist nichts passiert.« Und wenn Felix gewinnt, ist es die mütterliche Freude, dass es dem Sohn gut geht und er sich einen Wunsch erfüllen konnte.
Können Sie sich vorstellen, dass jemand ohne jeden Ehrgeiz im Leistungssport bestehen kann? Dass dieser »jemand« sogar Goldmedaillen gewinnt, den Gesamtweltcup und einige Weltcuprennen? Ich kenne diese Person, die auf die Frage »Rosi, wie viele Weltcuprennen hast du gewonnen?« keine Antwort weiß! Google sei Dank: Es waren neun.
Rosi ging es im Sport nie ums Gewinnen. Ihr bedeutete die Liebe zum Skifahren, die Kameradschaft und Freundschaft im und außerhalb des Teams mehr als Weltcuppunkte oder Siege. Die Reisen und die Erlebnisse neben dem Sport waren oft wichtiger als das Rennen selbst. Natürlich wollte sie gut sein und natürlich wollte sie sich selbst beweisen, dass sie gut Ski fahren kann, doch wirklich gewinnen war ihr eher peinlich. Es gibt kein Spiel oder einen Wettkampf, in dem eine Niederlage Rosi etwas ausmacht. Wenn wir heute z. B. ein Golfturnier spielen, ist es ihr völlig egal, was dabei herauskommt: Hauptsache, sie konnte nette Menschen treffen und hatte Spaß. Sie freut sich herzlich und ehrlich über den Sieg eines anderen. Früher im Weltcup war das nicht anders. Bei Rosis Siegen hat sich jeder mitgefreut, die Österreicher und die Schweizer, alle Nationen. Heute noch wird sie überall auf der ganzen Welt mit offenen Armen und freudigen Herzens empfangen. Das allein war und ist ihr wichtig!
Rosi ist ein begnadetes Skitalent. Ich kenne kein Mädel, das so elementar gut auf dem Ski steht. Noch heute bewundere ich, wie sie Ski fährt. Rosi hat drei Olympische Spiele gebraucht, um ihr sportliches Potenzial umzusetzen. Eigentlich hätte sie schon viel früher viel mehr Rennen gewinnen müssen. Doch mit ihrer oben geschilderten Einstellung zum Sport war das schwer. Es musste

erst eine Person und ein Trainer von außen kommen, der bei ihr dort ansetzte, wo die Schwäche lag. Es war 1974, zwei Jahre vor Innsbruck, als unser Freund Heinz Mohr als frischer Absolvent der Sporthochschule zum Damenteam kam und ihr klarmachte, dass sie aus ihren Möglichkeiten und aus ihrem Talent viel zu wenig gemacht habe. Damit traf er bei Rosi einen empfindlichen Punkt, der sie motivierte, an den eigenen Schwächen zu arbeiten. Zudem ließ der Heinz die Rosi »keine Minute« aus den Augen. Dreimal in der Woche besuchte er sie auf der Winklmoos, jede Trainingseinheit wurde überwacht. Zusätzlich integrierte Heinz in das eher empirische Skitraining sportwissenschaftliche Erkenntnisse und beschritt im alpinen Skisport völlig neue Wege. Hinzu kam ein geniales Trainerteam, mit Günter Osterrieder als Slalomtrainer und Wolfgang Bartels als Abfahrtstrainer. Darüber der Chef, Klaus Mayr, als der ruhende Pol, Menschenführer und Psychologe, dessen Aura während seiner gesamten so erfolgreichen Trainerlaufbahn seinen Schützlingen Spitzenleistungen ermöglichte. In diesem Umfeld reifte Rosi. Seine Professionalität verbunden mit dem Gespür, wie man Rosi führen musste, war der Schlüssel zum Erfolg. Rosi hat sich auch in dieser Phase des absoluten Erfolgs nie geändert. Wie bei vielen Menschen braucht es entscheidende Impulse von außen, um sich verändern und weiterbringen zu können. Ein Glück, wem dies passiert.

Rosi hasst Eitelkeit, Äußerlichkeiten ebenso. Da müssen wir Familienmitglieder schon mal mit sanftem Druck nachhelfen, damit auch sie sich neu ausstattet oder etwas gönnt. Ameli ist dabei für die Einkleidung zuständig und Felix für die Sportgeräte. Ich kenne ja ihre Lieblingsblusen seit dreißig Jahren, ich kenne unseren Keller, der überquillt, weil nichts weggeworfen werden darf, und ich renne seit über vierzig Jahren ergebnislos dagegen an. Ich gestehe,

Im Stangenwald: Ich in Val-d'Isère, Christian in Berchtesgaden (1971)

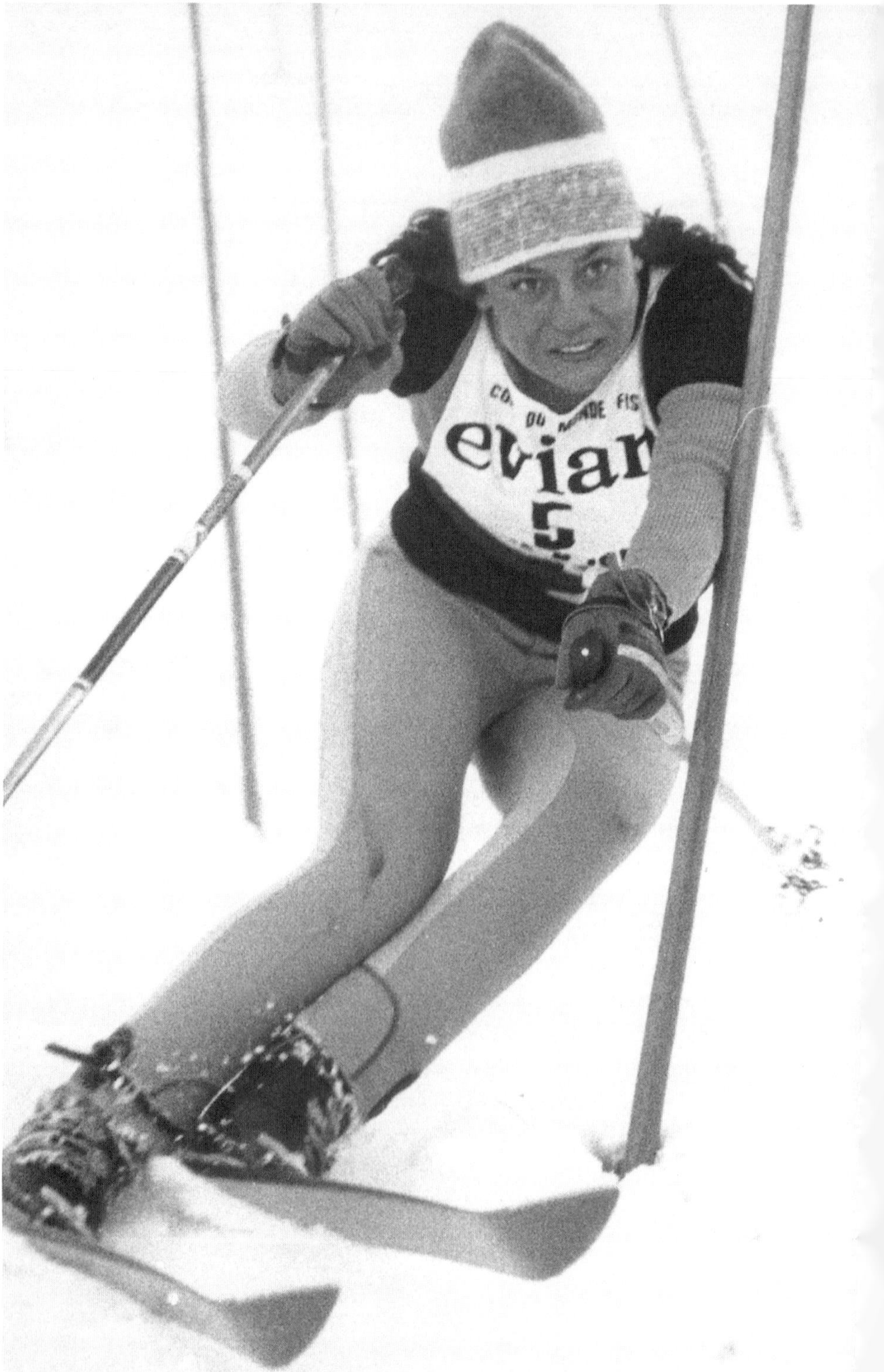
evian
5

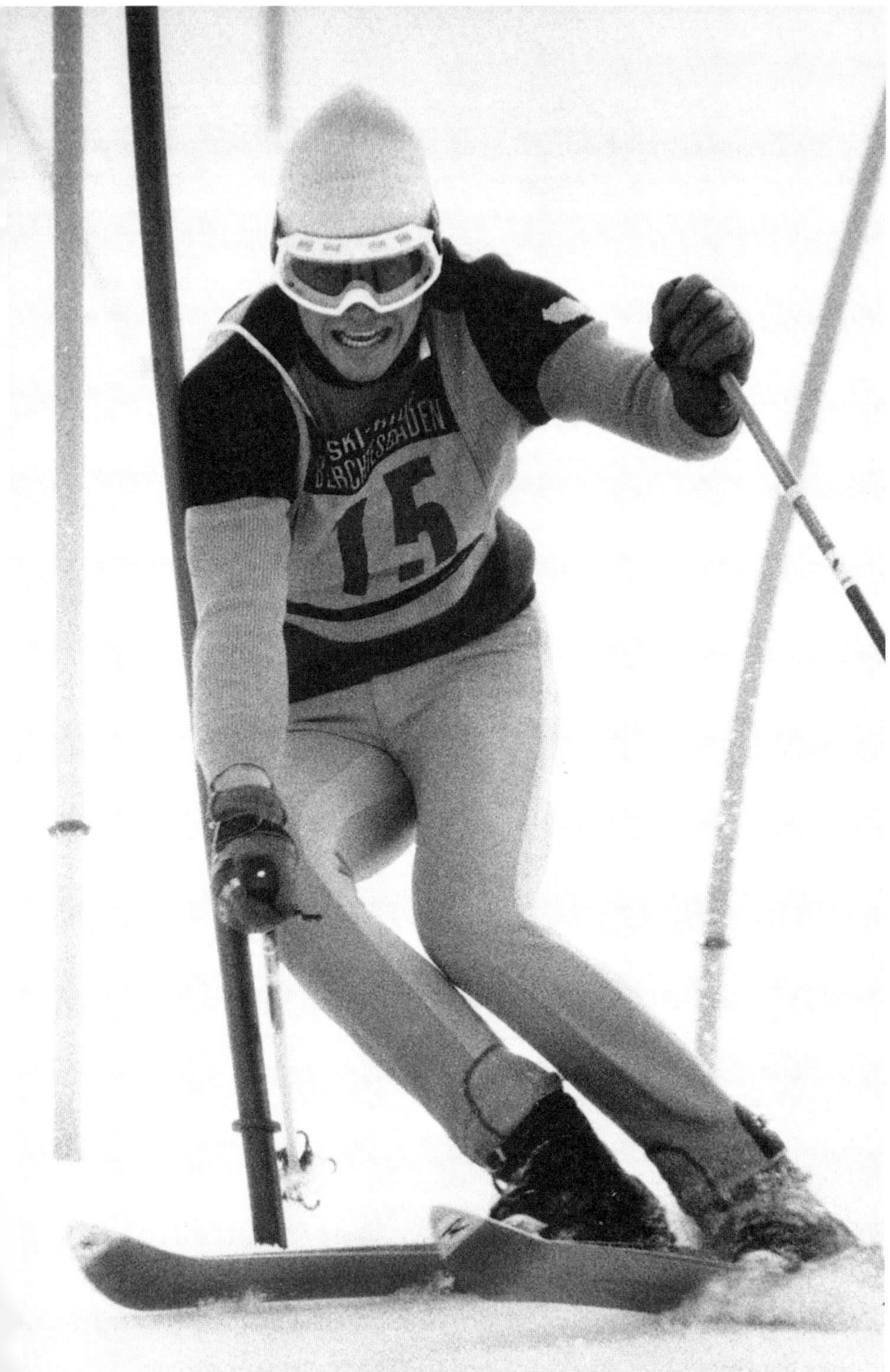
15

dass ich heimliche Entsorgungsmaßnahmen treffe, die auch die Speisekammer betreffen. Vater Heinrich war genauso, was will man da also machen. Als wir nach seinem Tod den Keller auf der Winklmoos aufräumten, fanden wir Einmachgläser (die mit dem Gummi zum Rausziehen) mit Bohnen aus dem Jahr 1935 (!). Die wollte ich natürlich wegwerfen, keine Chance! Sie stehen noch auf der Winklmoos und Rosi ist sicher, dass die Bohnen noch genießbar sind. Wir in der Familie müssen höllisch aufpassen, dass sie uns die Bohnen nicht heimlich auftischt. Rosi will die Bohnen unbedingt bei einem Lebensmittelinstitut auf Essbarkeit überprüfen lassen. Da ihr das organisatorisch niemand abnimmt, bleiben die Gläser da, wo sie sind.

In diesem Zusammenhang gibt es eine lustige Geschichte. Im Frühjahr 2009 übernachtete Markus Wasmeier mit zwei Südtiroler Freunden bei uns. Er war auf der »Transalp«, einer anspruchsvollen Alpenüberquerung mit dem Mountainbike. Diese Sportler brauchten für ihre Tour natürlich ein kräftiges Frühstück. Also tischte Rosi Müsli, Obst usw. auf. Markus hatte sich bereits die neue Müsli-Packung geöffnet und war eifrig am Löffeln, als Felix etwas zu spät zum Frühstück erschien. Auch er wollte natürlich ein Müsli. Nachdenklich betrachtete er die unbekannte Schachtel auf dem Tisch und als erfahrener Sohn seiner Mutter prüfte er sicherheitshalber das Ablaufdatum. 1998! Elf Jahre überfällig! Wasi ließ sofort das Müsli stehen. Rosi wurde von Felix und mir furchtbar geschimpft, doch typisch: Rosi fand gar nichts dabei: »Das ist doch nicht schlecht, schaut's hin, das ist luftdicht verpackt!« Der Wasi hat die Alpen locker überquert, ohne Magenverstimmung oder Durchfall, und die »Mama« hat wieder einmal recht behalten.

Vielleicht hat Rosi mich deshalb ausgesucht, weil sie unbewusst weiß, dass eine Familie mit Kindern einen Organisator braucht. Wenn's sein muss, kann Rosi alles leisten, doch angenehmer ist es schon, wenn einem Arbeiten abgenommen werden, für die man nicht unbedingt geboren ist. Sie konnte mit fünfzehn Jahren allerdings nicht ahnen, was für einen »Verrückten« sie sich da ins Boot holen würde. Leider bin ich das genaue Gegenteil von Rosi, ich stecke voller Ideen und Visionen. Zu leicht lasse ich mich motivieren, neue Projekte anzugehen. Außerdem versuche ich immer zu helfen, wo ich kann, da braucht man mich nur »antippen«. Ich werde unruhig, wenn ich kein neues Ziel oder keine neue Aufgabenstellung vor Augen habe. Zu allem Übel bin ich auch noch Perfektionist, ungeduldig und emotional.

Rosi hat kein Handy und keinen Terminkalender. Ich gestalte also das Tages-, Wochen- und Jahresprogramm ziemlich selbstständig, um nicht zu sagen, ohne zu fragen. Da passiert es dann tatsächlich und eigentlich regelmäßig, dass ich z. B. zu ihr in den Garten gehe und sage: »Rosi, du musst dich unbedingt fertig machen, in dreißig Minuten müssen wir zum Flughafen fahren und nach Berlin fliegen. Morgen kommen wir wieder!« Keine Übertreibung! Dann folgen schwere dreißig Minuten, weil ich mir beim Zusammenpacken einiges anhören muss, »Das ist das letzte Mal« und »Das mache ich nicht mehr mit« usw. Trotzdem, nach dreißig Minuten sitzen wir im Auto, der Zorn hat sich gelegt und wir sind wieder eine fröhliche Einheit – sicherlich auch deshalb, weil ich Besserung versprochen habe.

Rosi gleicht alles aus, ich kenne keine belastbarere Person als sie, wie sollte man es sonst mit mir aushalten. Sie akzeptiert mich so, wie ich bin, ist immer an meiner Seite und hilft mit, meine Ziele zu verwirklichen. Für mich ist sie die kreativste und kritischste Beraterin, die man sich vorstellen kann. Alle Projekte sind gemeinsame Projekte und wir ziehen sie gemeinsam durch. Sie hat mich noch nie im Stich gelassen und auch den größten Terminstress oder Arbeitsaufwand freudig mitgemacht.

In unserer Unterschiedlichkeit passen wir wunderbar zusammen und ergänzen uns. Wir haben beide sehr jung gespürt, dass wir zueinander passen. Welch Glück, dass wir uns getroffen haben.

D Dampfnudelberühmtheit

Schuld ist der Rubi: Gerd Rubenbauer. Christian und er sind die dicksten Freunde und ich kann nur erahnen, was die beiden »alkoholtechnisch« bei ihren Weltcup-Reisen alles so angestellt haben. Ich kenne keinen kreativeren Menschen als den Rubi. Und wie immer, wenn es einer schafft, so eng an uns dran zu sein, muss er eine Menge Herzblut mitbringen. Das hat der Rubi im Überfluss! Die zwei treffen sich regelmäßig, »ohne Frauen«, und dann wird die Welt verändert.
Rubi ist ein grandioser Koch und vom Wein versteht er ebenfalls sehr viel. Legendär sind unsere Abendessen. Waren wir beim Rubi zu Hause, durfte ich nicht einmal einen Teller in die Küche tragen. Einen besseren Gastgeber kann man sich nicht wünschen. Da er wie Christian ein absoluter Perfektionist ist, bleiben seine Einladungen unvergesslich.
In den Neunzigerjahren kam er zufällig mal mit Katja Seizinger zum Mittagessen »hereingeschneit«. Es gab Dampfnudeln, eine Familienspezialität, die ich von der Mutti übernommen habe. Dampfnudeln sind nicht Dampfnudeln und es kann leicht pas-

sieren, dass sie nicht richtig aufgehen oder kein »Krusterl« haben. Die Vanillesauce muss auch passen! Also, ich hatte Glück, denn Katja und Rubi bekamen eine perfekte Ausgabe. Für den Medienmenschen Gerd Rubenbauer war es natürlich ein gefundenes Fressen, sein Erlebnis mit den Dampfnudeln auch über den Sender zu schicken. Jedes Mal, wenn Katja Seizinger wieder ein Rennen gewann – und sie gewann sehr viele –, lud sie Rubi via TV zum Dampfnudelessen zu mir ein. Ich freute und freue mich über jeden Besuch, denn Katja zählt zu Christians und meinen ganz besonderen Lebensbekanntschaften.

Klar, dass meine Dampfnudeln dadurch immer bekannter wurden. Immer mehr Freunde kamen und wollten sie probieren. Das führte so weit, dass mich sogar Alfred Biolek deswegen in seine Kochsendung einlud. Dem Koch, der die Sendung vorbereiten musste, gab ich per Telefon genaue Anweisungen, doch der Hefeteig wollte ihm nicht »gehen«, weil es im Studio zu kalt war. Fast wäre die Sendung deshalb geplatzt. In der Not rührte ich ganz schnell eine neue Hefe an, stellte einen der starken Scheinwerfer direkt vor den Topf mit dem Teig, und siehe da, der Teig stieg und stieg und alle bekamen perfekte Dampfnudeln – statt mit Vanillesauce mit Birnenkompott. So mag ich sie am liebsten.

Dampfnudeln mit Birnenkompott

Zutaten
125–250 ml lauwarme Milch
20 g Zucker
1 Päckchen Hefe
500 g Mehl
2 Eier
20 g Butter
1 TL Salz

1 EL Butter oder Butterschmalz
1 EL Pflanzenfett
4 schöne Birnen
Weißwein
1 Zimtstange
1 unbehandelte Zitrone

Zubereitung
Die lauwarme Milch mit Zucker und Hefe verrühren und ca. 15 Minuten gehen lassen.
Das Mehl in eine große Schüssel geben, in der Mitte eine Vertiefung machen. Auf den Mehlrand die Eier, die Butter und das Salz geben. Das Heferl in die Mitte geben; aufgehen lassen.
Die komplette Masse zu einem Teig verrühren und kneten, bis der Teig Blasen wirft und sich von der Schüssel löst. Anschließend an einem warmen Ort ca. 1 Stunde gehen lassen.
Den Teig an einem zugfreien Ort weiterverarbeiten.
Mit einem Esslöffel werden runde Knödel geformt und anschließend auf ein Brett gelegt; mit einem Tuch zudecken und nochmals gehen lassen.
Butter und Pflanzenfett in einen Topf mit gut schließendem Deckel geben. So viel Wasser hinzugießen, bis der Boden bedeckt ist. Die Dampfnudeln in den Topf legen und zugedeckt ca. 30 Minuten bei geringer Hitze garen. Den Deckel nicht öffnen, sonst lässt das herabtropfende Kondenswasser die Dampfnudeln zusammenfallen.

Für das Kompott
Birnen schälen, vierteln und entkernen.
In einem Topf mit Weißwein übergießen, die Zimtstange und die abgeriebene Schale der Zitrone hinzugeben. Mit Zucker abschmecken. Anschließend alles garen, aber nicht weich kochen.

E Eifersucht

Christian ist der Meinung, dass er hart um mich kämpfen musste. In Wirklichkeit empfand er das nur so, weil ich sehr scheu war und bis heute Gefühle schlecht oder gar nicht äußern kann und auch nicht will. Was ich denke oder fühle, geht niemand außer mir, meinem Mann oder meine Kinder etwas an. Meine Privatsphäre ist mir heilig, dazu gehört eine Gedankenwelt, die nur mir gehört und in die ich niemanden eindringen lassen will. Christian ist ähnlich strukturiert. Er lebt auch nicht nach dem Motto: »Geteiltes Leid ist halbes Leid«, sondern will mit seinen Problemen niemand anderen belasten. Es reicht, wenn er allein damit fertig werden muss. Besonders die Kinder hält er völlig aus Schwierigkeiten im familiären oder geschäftlichen Umfeld heraus. Mir beichtet er sicher nicht alles, doch das Persönliche wird offen und ehrlich besprochen. Auch bei uns kracht und donnert es, doch Einschlafen ohne Aussprache gibt es nicht. Das ist ein Gesetz! Zurück zu den Jugenderlebnissen: Wir drei Mittermaier-Schwestern waren und sind begeisterte Anhänger der echten bayrischen Volksmusik. Wie bekannt, sind solche Musikanten äußerst gesel-

Robin Hood beim Kampf gegen seine Amazone, Wales (2010)

lige und lustige Burschen und auch einem Abenteuer nicht abgeneigt. Wir drei waren zu einem gut besetzten Musikantentreffen nach Mittenwald eingeladen – nur wenige Kilometer von Christians Zuhause in Garmisch-Partenkirchen entfernt. Christian wusste nicht, dass wir über Nacht bleiben würden. Es wurde spät, die Musiker spielten durch bis zum Morgengrauen, und wir brauchten kein Quartier. Unbedacht, wie ich war, erzählte ich ihm, dass wir durchgemacht hätten. Das war ein Fehler, denn Christian malte sich in seiner Fantasie die schrecklichsten Szenarien mit feschen Musikanten aus. Eine Krise war da und ich musste den Armen mit all meiner Überzeugungskraft dazu bringen, dass er mir glaubte. Das war mir eine Lehre, denn seitdem weiß ich, zu welchen gedanklichen Irrwegen mein Mann fähig ist.

Eine gerne und oft erzählte Geschichte zum Thema »Ehekrise« ist der »Eistanz«. Ameli wollte als junges Mädchen mit acht Jahren unbedingt Eiskunstläuferin werden. Wir brachten sie also in die hiesige Kindergruppe von Reinhard Ketterer, einem anerkannten Eiskunstlauflehrer, den Christian aus seiner Jugend kannte. Eiskunstlauf war für uns alpine Skifahrer damals eher eine Sportart zweiter Klasse. Wir fühlten uns als echte Natursportler und nicht als »Kringeldreher«. Heute weiß ich natürlich, wie dumm diese Sichtweise war, denn Eiskunstlauf ist für uns eine der faszinierendsten Sportarten überhaupt. Wir lassen keine Übertragung aus und bewundern die Kombination aus Musikalität, Ästhetik und sportlichem Höchstschwierigkeitsgrad. Nur wenige Sportarten benötigen derart viel Disziplin und Durchhaltevermögen wie der Eiskunstlauf.
Ich brachte also Ameli zweimal in der Woche ins hiesige Olympiaeisstadion. Ich war eine grottenschlechte Eisläuferin, nutzte jedoch das Warten auf Ameli, um selbst Schlittschuh zu laufen. Ich zog in aller Gelassenheit meine Runden, als mich ein älterer Herr im perfekten Eiskunstlaufdress mit durchgehendem Anzug ansprach, ob er mir nicht einige Tipps geben könne. Ich war dankbar und willigte mit Freude ein. Er, ein ehemaliger Polizist, wie sich herausstellte, war Eistänzer und widmete sich nun ganz meinem eissportlichen Unvermögen. Jedes Mal, wenn ich Ameli ins Training brachte, war er zufällig auch da. Mir fiel das gar nicht auf. Er zeigte mir unterschiedliche Schrittkombinationen, nahm mich bei der Hand oder bei den Händen und führte mich im Takt der Musik durchs Eislaufoval.
Zufällig passierte es nun, dass Christian eines Tages auch ins Eisstadion kam. Er hatte eine neue Videokamera und wollte Ameli filmen. Ich wusste von nichts und war eifrig am Üben. Christian saß auf der Tribüne und filmte Ameli und »Ketti«, wie der Trainer bei uns hieß. Plötzlich entdeckte er eine Eisläuferin, die wie seine Frau aussah. Hand in Hand schwebte sie mit einem frem-

den Mann übers gefrorene Nass, der legte sogar manchmal die Hände um ihre Hüfte ...»Ja, da schau her! Jetzt weiß ich, weshalb Ameli Eiskunstläuferin werden soll.« Christian nutzte das Zoom seiner neuen Kamera und hielt voll drauf auf mich und meinen Partner. Heimlich schlich er sich aus dem Stadion.

Als ich nach Hause kam, merkte ich schon, dass irgendetwas in der Luft lag. Christian war nur zynisch und sarkastisch. Am Abend, als die Kinder im Bett waren, wurde ich dann zu einem Videoabend vor dem Fernseher eingeladen. Ich muss ehrlich sagen: Was ich da zu sehen bekam, verschlug auch mir die Sprache. Ich kannte mich selbst nicht mehr. Ohne es zu wollen oder zu spüren, sah ich mich dort in den Armen eines Mannes, der mir gar nichts bedeutete, der aber durchaus Interesse für mich hatte und mir »Kringel« beibrachte. Ich hatte auch nicht ansatzweise eine Vorstellung von der Wirkung unseres Paarlaufes. Was ich sah, war nur schrecklich peinlich! Ich entschuldigte mich bei Christian mit allen fraulichen Waffen und beendete meine Eislaufkarriere. Den Polizisten sah ich nie mehr wieder.

Das angesprochene Videodokument ist in unserer Familie ein gern und oft gesehenes Beweisstück weiblicher Untreue. Erst vor Kurzem bei meinem sechzigsten Geburtstag wurde der Film wieder sehr zur Belustigung der zahlreichen Zuschauer gezeigt. Christian amüsiert sich noch heute darüber – das rechne ich ihm hoch an!

Einatmen

Rund um die Winklmoos gibt es eigentlich nur Wald. Das Almgelände wird im Sommer vom Vieh, den Kühen, Kälbern und Pferden besetzt. Daneben ist nicht viel Platz, außer unserem Hochmoor, dem höchstgelegenen Deutschlands. Gerade noch die Skipisten leuchten grün herunter, ansonsten bestimmt der Berg-

Alle drei Mittermaier-Schwestern auf einer Autogrammkarte

wald unser Landschaftsbild. Das ist herrlich, denn ich liebe diesen Wald. Naturbelassen muss er sein, ohne Eingriffe des Menschen, keine angepflanzte Monokultur, die nur aus langweiligen Fichten besteht. Wie könnte er mir sonst Geschichten und Märchen erzählen von Hexen, Zwergen und Feen?
So aber zwitschern die Vögel, der Wind rauscht in den Gipfeln, und wenn ich Glück habe, entdecke ich Rehe, Hirsche oder einen Fuchs. Der Wald ist unser Ernährer, er liefert Erdbeeren, Brombeeren, Himbeeren, Steinpilze, Pfifferlinge und er gibt uns Schutz. Im Frühjahr riecht er anders als im Sommer oder Herbst, immer aber nach Ursprung. Gleich hinter der Alm beginnt er und lockt mit ständig wechselnden Reizen. Mit seinem Holz gibt er mir Wärme, deshalb sammle ich es und trage es nach Hause.

Der Wald ist meine Heimat, er tröstet mich, wenn es mir schlecht geht, er sagt mir, wie unwichtig Nebensächlichkeiten sind, und beruhigt mich, wenn ich zweifle. Unser eigenes Dasein ist darin abgebildet, er zeugt vom Kommen und Gehen, vom Kampf ums Überleben, aber auch von der Freude am Leben. Ich liebe die bizarren Formen alter Bäume, die vom harten Kampf gegen die Natur berichten, und ich freue mich über die kleinsten Bäumchen, die aus einem morschen Stamm ans Licht drängen.
Ich komme derzeit leider nicht mehr so oft auf die Winklmoosalm. Wir Schwestern verabreden uns aber dann und gehen wie früher zum Pilzesuchen oder zum Beerenpflücken. Die Schwammerlplätze sind noch die gleichen, die uns die Eltern gezeigt haben, und so wandern die Gedanken und Gespräche automatisch zurück in die Kindheit.
Vati musste mit uns jedes noch so kleine Steigerl erkunden. Mutti war eher die ängstliche und wollte auf sicheren Wegen bleiben, denn das Gelände ist steil, mit Felswänden, Abbrüchen und Schluchten, wo man sich leicht versteigen kann. Am spannendsten waren die Gumpen, wo der Gebirgsbach über Jahrhunderte eine tiefe Klamm mit runden Becken ausgehöhlt hatte. Das waren unsere Winklmooser Swimmingpools. Nur um Evi und mir zu imponieren, sprang Christian in der »Balzphase« aus fünf Metern Höhe in so ein kleines Becken. Als ob das für mich entscheidend gewesen wäre.
Natürlich gehört zu einem gesunden Wald die Waldpolizei, die Ameisen. Unsere Rote Waldameise trifft man überall. Vati legte gerne sein Taschentuch auf einen der vielen Ameisenhaufen. Nach einigen Minuten nahm er es herunter und ließ uns daran riechen. Es war so ein ätherischer Geruch, weil die Ameisen als Abwehrmaßnahme ihr Gift auf das lästige Tuch gesprüht hatten. Das tat uns richtig gut und wir fühlten uns wie echte Ureinwohner.
Vor einigen Jahren kamen Freunde aus Frankfurt mit ihren zwei kleinen Töchtern zu uns auf Besuch. Das kleinere Mädel Nini

war total hundenarrisch, hatte jedoch zu ihrem Leidwesen eine Hundehaar-Allergie. Zu dieser Zeit besaßen wir selbst einen Hund, Chicca, einen Mischling und der Mittelpunkt der Familie. Wir unternahmen alle eine Bergtour vom Eckbauer runter zur Ellmauer-Alm und der Hund war natürlich dabei. Nini war traurig, dass sie den Hund nicht streicheln durfte. Da hatte ich eine Idee. Ich legte mein Taschentuch auf einen Ameisenhaufen, legte es der Nini aufs Gesicht: »Jetzt fest einatmen und ganz fest auf das Einatmen konzentrieren, dann darfst du die Chicca streicheln!« Tapfer inhalierte sie den Ameisenduft. Und siehe da, trotz Hundekontakt bekam sie keine allergischen Atembeschwerden. Für uns alle wurde dadurch die Tour zum unvergesslichen Ereignis. Ich glaube nicht, dass es nur das Ameisengift war, das geholfen hatte, der psychologische Effekt und die Umgebung taten ihr Übriges.

Der Tipp mit den Ameisen hätte auch von meiner Mutter sein können. Sie war sehr praktisch veranlagt und kannte sich hervorragend bei Kräutern und Heilpflanzen aus. Brennnesselsalat aus den jungen Blättern oder Fichtenhonig aus den jungen Trieben, die Natur gab immer etwas her. Ich erinnere mich, dass wir Arnikablüten sammeln mussten, die sie mit dem Doppelkorn vom Vater zu Tinktur verarbeitete. Bei Wunden und Entzündungen war dies ein wunderbares Heilmittel.

Mutti verwertete alles, nichts durfte weggeworfen werden, selbst Knochen wurden zu Seife verarbeitet. Vielleicht habe ich daher die Eigenschaft, dass ich nichts Essbares wegwerfen kann.

Ihre praktische Ader bekam auch Christian zu spüren. Es war noch in der Jugendzeit, als ihm nachts auf der Fahrt von Garmisch-Partenkirchen zu mir kurz vor Seegatterl ein Hirsch ins Auto lief. Der war leider sofort tot. Christian rief die Polizei, was jedoch eine Weile dauerte. Inzwischen fuhr auch ich los und holte ihn ab, da sein BMW fahruntüchtig war. Nach etwa zwei Stunden kamen wir zurück auf die Winklmoos und Christian musste den Eltern von seinem Unfall erzählen. Als meine Mutter hörte, dass er mindestens eine halbe Stunde mit dem toten Hirsch allein gewesen war, fragte sie: »Und wo sind die Grandln?« Grandln sind die Eckzähne beim Hirsch, die hier in Bayern zu wunderschönem Jagdschmuck verarbeitet werden. Mutti liebte sie. Wann immer Christian so einen Schmuck entdeckt, denkt er an die Mutti und das Erlebnis mit dem Hirsch.

Empathie und Fair Play

Während der Olympischen Winterspiele in Vancouver 2010 begleitete ich eine Gruppe von vierundfünfzig jungen Winter- und Sommersportlern zum Olympischen Jugendlager. Das hat beim Deutschen Olympischen Sportbund DOSB schon eine lange Tradition. Ich erinnere mich zurück an 1972, als ich in der gleichen Maschine mit den damaligen Jugendlichen zu den Winterspielen nach Sapporo geflogen bin.

Den Teilnehmern wird ein unvergleichliches Programm aus Sport, Kultur und Spaß geboten. Alle wohnen zusammen in einer Art Jugendherberge und werden von erfahrenen Betreuern umsorgt. Natürlich geht es hauptsächlich um den Besuch der Wettkämpfe, doch der Austausch der jungen Sportler untereinander ist ein ebenso wichtiger Aspekt. Diese kommen aus den unterschiedlichsten Disziplinen und Milieus, es gibt Diskussions- und Kulturabende und zum Abschied muss ein großes Fest veranstaltet und gestaltet werden. In Kanada wohnten sie ungefähr fünfundvierzig Minuten Fahrzeit von Whistler entfernt in einem kleinen Ort mit hohem Indianeranteil. Es gelang den Jugendlichen, Kontakt mit den einheimischen Indianern aufzunehmen und sie für die Feier zu verpflichten. Dort tanzten sie in ihren traditionellen Kostümen und sogar der Bürgermeister schaute

Bei den Olympischen Spielen in Vancouver mit Felix (2010)

vorbei. Besser kann Kulturaustausch nicht funktionieren. Die Jugendlichen waren neben unseren erfolgreichen Sportlern bei den Spielen in Vancouver die besten Botschafter unseres Landes. Übrigens gibt es viele Teilnehmer, die später erfolgreiche Weltmeister oder Medaillengewinner wurden.

Für mich als Botschafterin dieses Camps sind die Tage mit dem Sportnachwuchs eine wunderbare Abwechslung und Bereicherung. Ich fühle mich dabei selbst um Jahre jünger, höre mit Begeisterung die Berichte der jungen Menschen und erfahre gern von ihren Problemen und Nöten. Das weitet auch meinen Blick und ermöglicht mir, für unseren Nachwuchs Verbesserungsvorschläge an höheren Stellen vorzutragen. Stolz war ich auch, als die Jugendlichen ins Deutsche Haus nach Whistler eingeladen wurden und dort mit unserem damaligen Innenminister Thomas de Maizière diskutieren durften. Gut vorbereitet, entwickelte sich ein offenes respektvolles Gespräch, bei dem der Minister viel über die Nöte und Probleme erfuhr, z. B. wie schwer es ist, Leistungssport und Schule miteinander zu verbinden. Das blieb nicht ohne Wirkung. Einen Jugendlichen werde ich nicht vergessen. Er benötigte direkte und schnelle Hilfe von Herrn de Maizière, da er noch keine deutsche Staatsbürgerschaft hatte, diese jedoch für anstehende Wettkämpfe brauchte. So ernst und überzeugend, wie er das vortrug, musste der Minister einfach Namen und Adresse notieren.

Der Zusammenhalt in der Gruppe war einzigartig. Küchen- und Ordnungsdienst wurden problemlos aufgeteilt. Alle waren ein eingeschworenes Team, wo einer dem anderen half. Hatte jemand ein Eintrittsticket für eine Veranstaltung, die man sich gern angesehen hätte, wusste aber, dass ein anderer aus der Gruppe eine Menge dafür gegeben hätte, wurde die Karte einfach an denjenigen abgetreten. »Du, ich verzichte, weil es dich mehr interessiert« – diesen Satz habe ich oft gehört. An diesem kleinen Beispiel sieht man, wie wichtig Sport und das Leben in einem Team ist. Es bietet auf geniale Weise die Möglichkeit, Empathie zu entwickeln, Verständnis für den anderen und einen Gerechtigkeitssinn.

In so einer Mannschaft regelt sich der Teamgedanke von selbst, ohne dass man eingreifen muss. Die Jugendlichen gehen ziemlich gnadenlos mit jemandem um, der aus der Reihe tanzt oder das Fair Play verletzt. So einer wird schnell zum Außenseiter. Hinzu kommt, dass in Mannschaftssportarten eine »offene Kommunikation« gepflegt wird. Empfindliche Einzelsportler lernen schnell, dass man nur integriert wird, wenn man die Spielregeln einer Gruppe beachtet. Besser kann man soziale Fähigkeiten nicht anerzogen bekommen.

»Es ist«

Christian wuchs in Gerold auf, einem kleinen Weiler mit fünf Bauernhöfen. Er liegt zehn Kilometer von Garmisch entfernt an einem Moorsee mit traumhaftem Blick auf Wetterstein und Karwendel. Im Sommer verbrachte er jeden freien Tag beim Bauern Kaspar Simon bei der Heuarbeit. Mähen, »Stankern«, Traktorfahren, das war für ihn ein Paradies. Klar, dass es Christian immer wieder dorthin zurückzieht. Die »Alten« sind schon gestorben, doch mit deren Kindern und Kindeskindern verbindet uns nach wie vor ein herzliches Verhältnis. Lena war die Seniorbäuerin und einzige Frau auf dem Hof. Als junges Mädel heiratete sie den Kaspar und musste harte Kriegs- und Nachkriegszeiten durchstehen. Sie hatte den Mann, dessen zwei unverheiratete Brüder und die zwei eigenen Kinder zu versorgen. Das war Schwerstarbeit und ihre Freizeit bestand fast ausschließlich in den sonntäglichen Kirchenbesuchen in Mittenwald.
Diese Frau faszinierte mich, denn sie strahlte eine positive Gelassenheit und Ruhe aus, die einzigartig waren. Bei ihr war man immer willkommen und wurde auf eine Tasse Kaffee oder frisch »gezogene« Schmalznudeln eingeladen. Ich unterhielt mich bis ins hohe Alter gerne mit ihr. Aus jedem Gespräch ging ich reicher und zufriedener hinaus. Wir haben uns natürlich auch über alle Zipperlein und das Älterwerden unterhalten. Nie hörte ich Beschwerden oder Klagen, sondern ich spürte nur ihr Vertrauen ins Leben und ihren Glauben. Wenn man sie fragte: »Lena, wie geht's dir?«, bekam man die Antwort: »Ischt.« Das heißt übersetzt: »Es ist, wie es ist. Ich nehme die Dinge so, wie sie sind. Ich bin zufrieden mit dem wenigen, was ich habe, denn es ist doch so viel.« So sehe ich sie in Gedanken noch heute auf der Hausbank vor ihrem Bauernhof sitzen. Das klingt kitschig, ist aber wahr. Als sie beerdigt wurde, zeigte sich die Sonne über den verschneiten Gipfeln des Karwendels und ich habe gedacht: »Ischt.«

Evi Blitz

Mit zwei Jahren stand ich zum ersten Mal auf Skiern. Es existieren alte Schwarz-Weiß-Filmaufnahmen von einem Stammgast, auf denen man mich in Gummistiefeln beim Postboten hinten auf den langen Latten stehen sieht. Ich habe mich an seinen Knien festgehalten und konnte so meine ersten Rutscherfahrungen machen. Heute kann man sich das gar nicht mehr vorstellen, wie viel Schnee damals lag. Die gesamte Post für die Winklmoos musste auf Skiern ausgetragen werden. Am schönsten war, wenn mich Heini Lehrberger, der Postbote, auf die Schultern nahm und ich den gesamten Rundgang mitmachen durfte. Das Interessante an ihm ist, dass er wenig später seine Postbotentätigkeit aufgab und ein international bekannter Opernsänger wurde. Er lebt noch heute und wir Reit im Winkler sind stolz auf ihn.

Natürlich bekam ich in diesem Alter meine ersten Ski. Vater hatte sie aus Kriegsresten zusammengebastelt, dazu eine primitive Backenbindung mit Lederriemen. Sie waren mein ganzer Stolz.

Als staatlich geprüfter Skilehrer hatten wir drei Mädchen in unserem Vater das ideale Vorbild und den besten Lehrer. Er brauchte uns gar nicht viel erklären, wir lernten spielerisch. Es gab keine präparierten Pisten, wir suchten uns eigene Abfahrten durch den Wald, mussten die Pisten selbst treten, bauten Schanzen und lernten so völlig ungezwungen die komplexen, skitypischen Bewegungsabläufe. Solche Bewegungserfahrungen waren und sind für einen Rennläufer auch heute noch entscheidend.

Natürlich wurden meine Kinderski in die nächste Generation zur jüngeren Schwester weitervererbt. Damit Evi nichts merkte, schliff mein Vater die Skier ab, lackierte sie neu und schrieb drauf: »Evi Blitz«. Sie war damit genauso glücklich und stolz wie ich. Erst später, als wir unsere ersten Rennen fuhren, wurde diese »Skierbfolge« zur Freude von Evi beendet.

Erste Skiversuche auf der Winklmoos

Wenn ich auf den damaligen Fotos unsere ewig langen Ski mit den heutigen vergleiche, staune ich, dass man erst so spät darauf gekommen ist, es mit kürzeren und stärker taillierten Skiern zu versuchen. Nur zum Vergleich: 1976 waren meine Slalomski 1,97 Meter lang und ragten weit über mich hinaus, heutzutage sind die Ski von Olympiasiegerin Maria Riesch im Slalom 1,55 Meter lang und reichen ihr bis zur Nase. Die Begeisterung über den Wind, der uns dabei um die Ohren pfeift, ist gleich groß geblieben.

E

Fasten

In vielen Religionen ist Fasten ein vielfältiges Ritual. Die katholische Kirche kennt verpflichtend immer noch den Aschermittwoch und Karfreitag. Auch die vierzig Tage vor Ostern werden von meinen katholischen Freunden gerne als Fastenzeit wahrgenommen. Ich habe diese Art der Lebensgestaltung nie vorgelebt bekommen. Christian als Protestant kennt diesen Brauch sowieso nicht.
Ich kann mir sehr gut vorstellen, dass Fasten als mentaler und körperlicher Reinigungsprozess zu größerem Wohlbefinden führt. Ich selbst habe jedoch nie einen Zugang dazu gefunden. Skeptisch bin ich gegenüber den jährlich neu konzipierten Wunderdiäten. Was wird und wurde einem da schon alles versprochen. Wunder gibt es für mich keine, die erzielt man eher durch Disziplin und Kontinuität. Ich habe aber auch Glück, ich bin ein »schlechter Futterverwerter« und esse immer, solange es mir schmeckt. Dazu bewege ich mich viel im Alltag und habe von den Sportwissenschaftlern verinnerlicht, dass es gesünder ist, sich beim Sport im niedrigen Pulsbereich zu bewegen als im zu hohen.

Das verkünde ich stets gerne bei unseren Nordic-Walking-Veranstaltungen, weil es dort als feste Regel gilt, nur so zu walken, dass man sich noch unterhalten kann. Automatisch ist man dann im niedrigen aeroben Pulsbereich, wo der Energiebedarf über Fettverbrennung erzielt wird. Ehrlich gesagt, macht es mir auch nichts aus, wenn ich einige Reserven oder Polster an mir spüre. Ich denke, man weiß nie, wofür man die noch einmal brauchen kann. Ich lebe gerne und freue mich über gutes und abwechslungsreiches Essen. Ein weiterer Vorteil ist, dass ich gänzlich auf Alkohol verzichten kann, das spart einige Kalorien.

Obwohl auch kalorienreiches Essen bei mir keine Spuren hinterlässt, bedeutet das noch lange nicht, dass ich mich ungesund ernähre. Ich achte darauf, das zu essen, was die Jahreszeiten auf den Tisch bringen, am liebsten aus der eigenen Umgebung. Unsere deutschen Erdbeeren sind die besten, die Kirschen, der Spargel, später die Äpfel oder unser Gemüse, es gibt genügend heimische Auswahl, ohne weit gereiste Lebensmittel einkaufen zu müssen. Gerne habe ich mich daher auch der Initiative der hiesigen Landwirtschaft »Unser Land« angeschlossen und empfehle, die Erzeugnisse der regionalen Bauern einzukaufen. Von der Milch über den Käse bis hin zum Honig, alles wird einem bei »Unser Land« angeboten. Dadurch verdienen die Landwirte mehr, können ihren Beruf weiter ausüben und erhalten so unsere Kulturlandschaft, wie wir sie lieben.

Etwas darf aber nie auf meiner Einkaufsliste stehen: Marmelade. Die muss selbst gemacht sein in unserer Familie. Schuld ist Christian, der ist auf diesem Gebiet extrem verwöhnt. Das kommt daher, dass seine Mutter als »Kriegskind« die Marmeladen selbst eingemacht hat. Sie war Spezialistin! Am Frühstückstisch standen immer mindestens vier verschiedene Marmeladenhaferl. Wehe, wenn man da mal eine gekaufte dazwischenschwindelte. Da kam sofort Protest! Christians Schwester Katrin machte aus dieser liebevollen Eigenart bei der Hochzeit gleich ein ganzes

Theaterstück und gab mir den Rat, bloß keine Experimente bei der Marmelade einzugehen, sonst könnte die Ehe in die Brüche gehen. Wie's dann so läuft ... Inzwischen mag ich auch nur noch selbst gemachte Marmelade und die Kinder haben die geschmackliche Erbfolge angetreten.

Fitnessdrink

Eine Thermoskanne gehört in jeden Haushalt, sie hat Tradition und kann viele Geschichten erzählen. Zumindest für Wintersportler oder auch Gipfelstürmer ist sie unerlässlich. Wir haben gleich mehrere, denn jeder in der Familie weiß, wie gut ein Fitnessdrink unterwegs sein kann. Bei jedem Schneetraining, bei jedem Skirennen liegt sie im Rucksack am Start. Allein schon die Vorfreude, sie zu fühlen, zu greifen und den Schraubverschluss zu öffnen, ist einzigartig. Dann der erste wärmende Schluck: welche Wohltat! Wehe, wenn in diesem Augenblick der Tee nicht richtig heiß eingefüllt wurde oder die Zucker-Zitronen-Orangen-Mischung nicht stimmt! Nur der richtig gemischte Tee bringt einen in Hochstimmung und macht einen fit für den nächsten Trainingslauf. Herrlich auch, wenn noch etwas übrig bleibt von der Thermoskanne am Start und man auf der Nachhausefahrt im Auto den Rest genießen kann.
Das Rezept unserer Lieblingsmischung ist ganz einfach: eine Kanne schwarzen Tee gut ziehen lassen. In die vorgewärmte Thermoskanne den Saft einer ganzen Orange und einer viertel Zitrone, Zucker (aber nicht zu süß!) und dann den Tee draufgießen. Dringend darauf achten, dass der Trinkbecherverschluss gut zugedreht wird, sonst tropft's aus dem Rucksack.
Jedes Skirennen hat ja eine exakte Startphase. Serviceleute geben dem Material den endgültigen Feinschliff, Funksprüche kommen

von den Trainern mit den letzten Streckeninfos, man wärmt sich auf, man konzentriert sich und dann geht's raus aus dem Starthaus. Oft verlängern Startunterbrechungen diese Vorbereitungen. Heutzutage steht jeder Läufer oder jedes Team völlig separiert dort oben, die Trainer und Physios sieht man ernst und verschlossen mit Kopfhörern hin und her laufen. Kein Funkspruch dringt an das Ohr eines Konkurrenten. Natürlich waren wir früher auch konzentriert und fokussiert, doch es ging wesentlich lockerer zu. »Rosi, magst an Tee?«, hörte ich oft und nahm den Schluck dann gerne an. Karl Schranz, die große österreichische Skilegende, ruft noch heute jedes Mal als Begrüßung, wenn wir uns sehen: »Rosi, mogst an Dää?« Da ich die anderen immer gerne mittrinken ließ, ist mir das geblieben.

Seit dieser Zeit hat sich der Sport durch die Medien und die Kommerzialisierung gewaltig verändert. Solch ein lockeres Miteinander ist nicht mehr möglich. Durch die strengen Dopingkontrollen achten die Athletinnen und Athleten genau darauf, was und von wem sie etwas trinken. Da geht keiner das Risiko ein, unbekannte Getränke oder medizinische Präparate einzunehmen. Felix isst nicht einmal eine Mohnsemmel, da Mohn Substanzen enthält, die in einem ungünstigen Fall zu einem positiven Dopingtest führen könnten. Unseren Tee kann er trinken und er freut sich jedes Mal, wenn ich ihm für eine Anreise oder einen Skiausflug die fertige Thermoskanne hinstelle.

Freundin und ein VW Variant

Traudl Münch ist meine beste Freundin. Als sie noch als Traudl Walz in der deutschen Skimannschaft war, kümmerte sie sich um mich, als wäre ich ihre Schwester. Sie ist nicht viel älter als ich, nur drei Jahre, doch sie half mir sehr, mich als junges Küken in

Mit Freundin Traudl auf Tour in Norwegen (1969)

die Mannschaft zu integrieren. Wir haben uns vom ersten Augenblick an gemocht und verstanden. Wir passen hundertprozentig zusammen. Traudl ist auch auf einer Berghütte, der »Kemptner Skihütte« in Bolsterlang, aufgewachsen, war ein großes Nachwuchstalent und kam wie ich sehr jung zum Deutschen Skiverband. Lebenslustig, für jeden Blödsinn zu haben, aber auch immer bereit zu helfen, so jemanden an der Seite zu haben, das ist ein Glücksfall. Von Reit im Winkl nach Bolsterlang und umgekehrt schrieben wir uns seitenlange Briefe.

Leider verletzte sich Traudl schon sehr früh so schwer, dass sie das Rennfahren aufgeben musste. Sie ließ sich zur Physiotherapeutin ausbilden und erfüllte sich 1973 ihren Lebenstraum: Sie kam als unsere Betreuerin zurück ins Damenteam. Für ganze Skifahrergenerationen war sie die Anlaufstelle, wenn es um Verletzungen, Menschlichkeit und Hilfe ging. Sie hat sich für ihre

Unser Schlafwagen, genannt: »Meterfresser«

F Arbeit und für die Mannschaft aufgeopfert und einen entscheidenden Anteil an vielen Medaillen und Weltcupsiegen. Traudl verstand es wie keine andere, für Harmonie und Ausgleich in der Mannschaft zu sorgen und somit die Grundlage für Erfolge zu legen.
Glücklicherweise schreibt sie kein Buch über mich. Sie könnte das locker, denn sie weiß eigentlich alles, was niemand wissen sollte. Zum sechzigsten Geburtstag hatte sie eine tolle Idee: Sie schenkte mir den gesamten Briefwechsel aus fünfundvierzig Jahren Freundschaft als Buch gebunden. Darin findet man auch

Fotos und Briefe von unserer Reise nach Norwegen, die wir kurz nach der Führerscheinprüfung gemeinsam unternahmen. Wir kauften uns dazu einen alten ausgeleierten VW Variant, jede von uns zahlte die Hälfte und wir tauften ihn auf den Namen »Meterfresser«. Ich bewundere noch heute die Großzügigkeit unserer Eltern, dass sie uns diese Reise antreten ließen. Zwei Mädchen, allein auf großer Fahrt bis Norwegen, das war sehr mutig. Ehrlich gesagt, hatten wir auch keine Ahnung, was auf uns zukommen würde. Wir wollten nur frei sein und bei Sommerskirennen in Norwegen teilnehmen. Als Ausrüstung hatten wir einen Skigaskocher (den brauchte man im Winter zum Wachsen), Plastiksuppenteller, Besteck, Brotzeitteller und zwei Keramiktassen dabei. Dazu noch jede Menge Suppentüten, Hartwurst, Schüttelbrot und Müsli. Wir wussten nur, dass wir bei Trine Lunde, einem Mädchen aus der norwegischen Damenmannschaft, in Oslo nächtigen könnten. Wir fuhren in einem Ruck über Hamburg bis Schweden. Die erste Nacht verbrachten wir in der Nähe von Göteborg neben einem Bauernhof hinten im Kombi. Der war von meiner Mutter mit Matratzen und eigens genähter Bettwäsche ausgelegt worden und bei unserer Körpergröße konnten wir sogar die Füße ganz ausstrecken. Nachts hörten wir Geräusche an unserem Auto und bekamen höllische Angst, denn wir erinnerten uns an die Verkehrsschilder, auf denen ein Elch abgebildet gewesen war. Traudl sprang im Nachthemd auf den Fahrersitz und fuhr in Panik den Wiesenweg zurück bis zur nächsten Straße. An Schlaf war nicht mehr zu denken. Im Morgengrauen entdeckten wir dann, dass nur Kühe sich an unser Auto herangemacht hatten. An das anschließende Frühstück mutterseelenallein an einem wunderschönen See mit traumhaftem Blick in die schwedischen Wälder erinnere ich mich noch heute. Sogar ein Spiegelei brutzelten wir uns zur Feier des Tages.
Leider hatten wir vergessen, dass es in Skandinavien im Sommer nachts hell bleibt, sonst hätte uns Mutti sicher noch Vorhänge in

den »Meterfresser« genäht. So mussten wir Handtücher zum Verdunkeln benutzen. Wir waren in großer Sorge, dass uns auf den Campingplätzen irgendwelche norwegischen Männer beim Schlafen oder Umziehen zuschauen könnten. Doch die Norweger waren überhaupt nicht lästig, dafür die Millionen Mücken, die um uns herumtanzten, wenn wir auf einem Uferplatz übernachten wollten. Ein Insider-Tipp rettete uns: Wir parkten unser Auto unter einem bestimmten Busch, um den die Mücken einen großen Bogen machten, weil er bestimmte Gerüche ausströmte, die die Plagegeister nicht mochten.

Wir erlebten während dieser Zeit das sensationelle Halbfinale zwischen Italien und Deutschland – die Fußballweltmeisterschaft in Mexiko war auch Hauptthema in Norwegen. Und wir feierten mit den Einheimischen das Mittsommerfest, vielleicht das größte, sicherlich jedoch das lustigste Fest des Jahres. Trine Lunde hatte uns auf ein altes, großes Holzsegelboot mitgenommen. Vom Osloer Hafen starteten wir inmitten vieler weiterer Boote und Schiffe in allen Größen hinaus in den Oslofjord. Ganz Oslo war auf den Beinen oder besser gesagt auf den Schiffen. Die Schiffe legten nebeneinander an und man besuchte sich gegenseitig, trank, lachte und war fröhlich. Überall spielte Musik, auch bei uns auf dem Segler. Traudl und ich staunten über einen jungen lustigen Norweger, der hinter uns her war, sehr gut Deutsch sprach, aber schon einiges getrunken hatte. Sicherheitshalber zogen wir uns in den hinteren Teil des Schiffes zurück. Um durchhalten zu können, ging Traudl los, um vom Buffet eine vernünftige Essensgrundlage zu beschaffen. Ich war allein und schaute auf das Treiben am Wasser, als der junge Norweger, um mir zu imponieren, den Mast hinaufkletterte und von dort auf eine Querstange eines Segels sprang. Die gab nach und schleuderte mit voller Wucht direkt auf meine Stirn. Rumms machte es und ich lag benommen in der hintersten Ecke am Boden. Keiner beachtete mich! Jeder, der mich sah, dachte: »Ah,

die hat wohl zu viel getrunken.« Irgendwann kam Traudl und rüttelte mich wach. Sie brachte schnell Eisstücke für die Beule auf der Stirn und so konnte ich doch einigermaßen klar dieses unglaubliche Fest genießen.
Nach dem Trubel von Oslo bekamen wir einen Geheimtipp. Ein Freund von Trines Freund brachte uns zu einer Hütte auf einer kleinen einsamen Insel. Dort verbrachten wir eine Woche. Wir lebten von selbst geangeltem Fisch und Obst, das uns zweimal vom Festland gebracht wurde. Wir nutzten unsere Einsamkeit und waren so mutig, uns »oben ohne« zu sonnen. Bei jedem Flugzeug in zehntausend Metern Höhe deckten wir uns jedoch eilig mit dem Handtuch ab. Eine besondere Herausforderung zwischen uns bestand darin, die andere heimlich nackt zu fotografieren. Traudl war pfiffiger. Ihr gelang ein absoluter Volltreffer. Monate später im Herbst bei einem Trainingskurs in Sölden hielten wir einen Diavortrag über unsere Norwegenreise. Die jungen DSV-Männer waren auch zu dem Abend eingeladen. Ich erschrak nicht schlecht, als ich mich auf einmal »blank« in Übergröße auf der Leinwand sah. Traudl hielt die Fernbedienung des Diaapparates ganz fest und ließ das Foto genüsslich lange stehen. Ich weiß noch, wie peinlich mir diese Situation war und wie »rot« ich angelaufen bin. Wie sich die Zeiten ändern ...
Auf unserer Tour waren wir auch bei norwegischen Skifahrerinnen zum Übernachten eingeladen. Nicht nur wir wurden dabei verpflegt, sondern Traudl als Wirtstochter und waschechte Allgäuerin ließ sich nicht lumpen und kochte ihre Spezialität: »echte Allgäuer Kässpatzen!«. Dieses Rezept darf ich verraten, es sind die einzig echten.
Der Trick bei ihr ist, dass sie die Spätzle, wenn sie sie aus dem kochenden Salzwasser herausholt, nicht abschreckt. Dadurch fließt noch recht viel Wasser in die Schüssel, in der Käse und Spätzle geschichtet werden. So zieht alles nach und bleibt sehr saftig.

Allgäuer Kässpatzen für vier Personen

Zutaten
450 g Spätzlemehl
3 Eier
Lauwarmes Wasser
Salz
1 Prise Muskat
350 g Allgäuer Bergkäse (alt und gerieben)
1 reifer Romadur (ein aus Kuhmilch hergestellter Weichkäse)
Frisch gemahlener Pfeffer
3 Zwiebeln
150 g Butter

Zubereitung
Mehl, Eier, Wasser, etwas Salz und Muskat mit einem Kochlöffel zu einem geschmeidigen Teig schlagen.
Danach den Teig mit einem Spätzleschaber in kochendes Salzwasser reiben (oder mit einem Spätzlehobel drücken).
Wenn die Spätzle an die Oberfläche steigen, mit einer Lochkelle herausheben und abwechselnd mit dem Käse in eine vorgewärmte Schüssel schichten. Dabei darf ruhig etwas Spätzlewasser dabei sein.
Jede Lage salzen und pfeffern.
Zwiebeln in Scheiben schneiden und in Butter bräunen, anschließend über die Kässpatzen geben.
Sofort servieren.

G Geschenke

Oberflächlich gesehen, denkt man bei »Geschenken« sofort an eingewickelte Packerl mit bunter Schleife und wertvollem Inhalt, an materielle Werte, die man zu besonderen Anlässen überreicht bekommt. Ich freue mich natürlich über solche Geschenke. Wichtig sind mir jedoch nur die Gedanken und die Ideen, die hinter einem Geschenk stecken. Ich mag keine Präsente, die sich am materiellen Wert orientieren. Schon früh haben Christian und ich versucht, dies auch den Kindern beizubringen. Kinder wünschen sich natürlich immer tolles Spielzeug, Kleider, Handys usw. Das ist auch ganz normal und aus dieser Motivation wollten sie auch uns Eltern etwas ähnlich »Wertvolles« schenken. Früh begannen wir daher, den Kindern neben den notwendigen Geschenken auch immer etwas sehr Persönliches, liebevoll Bedachtes zu geben. Das konnte das aktualisierte und mit viel Liebe ausgemalte Fotoalbum sein, ein Fotokalender mit selbst gereimten Versen für jeden Monat oder der frisch gewachste Ski aus dem Keller. Das waren dann die sogenannten Hauptgeschenke.

WIE LERNT MAN SCHAFKOPFEN?

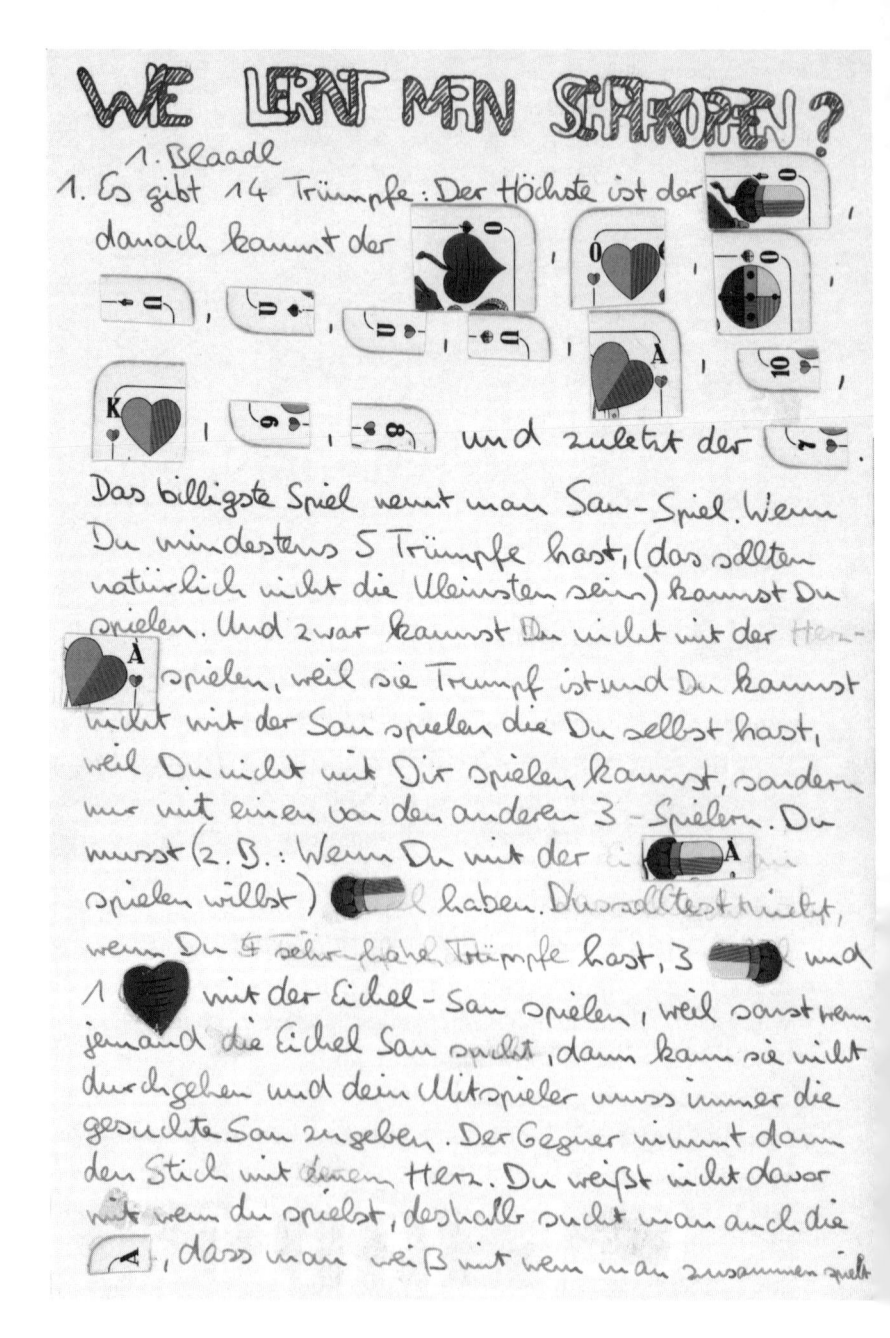

1. Blaadl
1. Es gibt 14 Trümpfe: Der Höchste ist der 🂮, danach kommt der 🂱, 🂲, 🂳, 🂴, 🂵, 🂶, 🂷, 🂸, 🂹 und zuletzt der 🂺.

Das billigste Spiel nennt man Sau-Spiel. Wenn Du mindestens 5 Trümpfe hast, (das sollten natürlich nicht die kleinsten sein) kannst Du spielen. Und zwar kannst Du nicht mit der Herz-spielen, weil sie Trumpf ist und Du kannst nicht mit der Sau spielen die Du selbst hast, weil Du nicht mit Dir spielen kannst, sondern nur mit einen von den anderen 3-Spielern. Du musst (z. B.: Wenn Du mit der Eichel-Sau spielen willst) Eichel haben. Du solltest nicht, wenn Du sehr hohe Trümpfe hast, 3 Eichel und 1 Herz mit der Eichel-Sau spielen, weil sonst wenn jemand die Eichel Sau spielt, dann kann sie nicht durchgehen und dein Mitspieler muss immer die gesuchte Sau zugeben. Der Gegner nimmt dann den Stich mit seinem Herz. Du weißt nicht davor mit wem du spielst, deshalb sucht man auch die Sau, dass man weiß mit wem man zusammen spielt.

Schafkopfanleitung von Felix zu meinem Geburtstag (1999)

2. Wenn jemand Gras ausspielt, muss man Gras zugeben. Es ist gut, wenn du die Gras Sau besitzt, und kein anderes Gras, weil dann der Stich wahrscheinlich Dir gehört. Wenn Du kein Gras hast nimmst du den Stich mit einem Herz.

3. Sieger ist der, oder die Spieler die als erstes über 60 Punkte erreicht haben. Die Sau zählt 11 Punkte, der 10er 10 Punkte, König 4 Punkte, Ober 3P, Unter 2P. Die 9er, 8er, 7er zählen keinen Punkt.

4. Es ist gut, wenn ein Spieler mit der E-Sau spielt und du hast sie, wenn er dann als erstes den E-Ober spielt muss jeder Trumpf zugeben. Du schmierst ihm dann, wenn du die H-Sau, o. den H-10er hast, ihm hinein. Der der gespielt hat kann sich jetzt schon denken, dass er mit dir spielt, weil du ihm geschmiert hast. Als Spieler spielst du immer Trumpf und als Nichtspieler Farbe.

5. Es gibt nicht nur ein Sau-Spiel, sondern auch Solos und einen Rausch. Ein Solo spielst du nur, wenn du ~~5 Ober~~ mindestens 3 Ober, 2 Unter, 2 Gras und 1 E-Sau hast. Also super Karten. Dann spielst du Grassticht. Das bedeutet, dass dann Gras Trumpf ist und nicht mehr Herz. Du spielst jetzt alleine und hast keinen Mitspieler mehr.
Es gibt auch einen Geier und Wenz. Beim Geier bedeutet es, dass nur die Ober zählen. Du würdest einen Geier bei diesen Karten spielen.

Auch Christian und ich schenken uns immer etwas Beziehungsreiches. Ich erinnere mich an ein Weihnachten, wo ein riesiges Paket »für Rosi von Christian« unterm Christbaum stand, aufwendig eingewickelt, mit ausgeschnittenen Motiven aus unserer großen Weihnachtskiste. Darin bewahren wir sauber gebügelt alle noch verwertbaren Geschenkpapiere und Bänder der letzten zehn Jahre auf. Das ist eine wahre Fundgrube mit alten Beschriftungen und Zuordnungen mit vielen Erinnerungen an zurückliegende Feste. Sorgfältig und mit Spannung öffnete ich das große Packerl unter den Augen der Kinder. Daraus wurde eine Zeremonie! Schicht für Schicht arbeitete ich mich durch neue Schachteln und Kartons bis zu einer letzten länglichen, in glänzendes Goldpapier eingewickelten Rolle vor, die mit einem großen Herz bemalt war. Innen drin war eine Tube Tomatenmark! Hauptgeschenk! Dazu muss man wissen, dass Christian am liebsten Spaghetti mit Tomatenmark isst, ich mich aber partout dagegen wehre, Nudeln so unkreativ zu servieren. Doch mit dieser roten Tube war Weihnachten gerettet und wir alle hatten unseren Spaß.

Die Kinder lernten von klein auf, dass sie mir nichts Gekauftes schenken dürfen, und wenn, dann nur mit einer Idee dahinter. Mir ist der Duft des selbst gepflückten Blumenstraußes am Geburtstagstisch tausendmal lieber als irgendein Designer-Duft aus der Retorte. Die im letzten Augenblick gekaufte und im Laden eingewickelte Notkosmetik bedeutet für mich »Höchststrafe«! Christian bekam zum Geburtstag von Felix einmal einen selbst »gebazelten« Eierbecher aus Ton. Da war Felix ungefähr sechs Jahre alt. Es wäre undenkbar, dass Christian ein Ei aus einem anderen Eierbecher essen würde. Ameli mit ihrer künstlerischen Ader tut sich da leicht. Wir ehren jedes Bild, hängen es auf und bewahren es sorfältig auf.

Runde Geburtstage sind natürlich immer etwas Besonderes, auch wenn man kein Aufsehen um seine Person machen möchte. Nie

vergessen werde ich meinen fünfzigsten. Ich weiß nicht, wie Christian es geschafft hatte, aber bei einem Skiausflug im Defreggental (Osttirol) entdeckte er durch Zufall eine Originalfackel der Olympischen Spiele von Innsbruck 1976. Sie lag eher wenig beachtet in einer Vitrine eines großen Hotels. »Das wäre ein Geschenk«, dachte er sich. Je schwieriger die Aufgabe, desto reizvoller für Christian! Er erfuhr, dass die Fackel Dagmar Rom gehörte, einer der erfolgreichsten österreichischen Rennläuferinnen, Doppelweltmeisterin 1950 und Silbermedaillengewinnerin bei den Olympischen Spielen 1952 in Oslo. Das Außergewöhnliche an ihrer Karriere war zudem, dass sie eine äußerst erfolgreiche Schauspielerin z. B. mit der Hauptrolle in der Fernsehserie »Mario« wurde. Als derart dekorierte Sportlerin durfte sie 1976 die Olympiafackel mit dem olympischen Feuer durch Innsbruck tragen und als Anerkennung diese Fackel auch behalten. Christian nahm Kontakt mir ihr auf und äußerte seinen Wunsch. Und nun kam das Unglaubliche: Dagmar hatte überhaupt keinen Bezug zu dieser Fackel. Irgendwie hatte sie mit dem Leben als Sportlerin abgeschlossen, aus diesem Grund bedeutete ihr diese Fackel nichts mehr. Sie traute sich, mir die Fackel zu schenken, wollte sie allerdings persönlich überreichen. Christian verabredete einen Tag vor meinem Geburtstag die Übergabe genau dort, wo 1976 die Eröffnungsfeier der Olympischen Spiele stattgefunden hatte: am Fuße der historischen Berg-Isel-Schanze in Innsbruck.
Mein Begleiter war der sechzehnjährige Felix. Ich hatte keine Vorstellung, wie wir uns zu erkennen geben könnten. Völlig ungewöhnlich für mich, war ich zu früh und erzählte Felix von Innsbruck und von Dagmar Rom. Rund um uns wimmelte es von Touristen, die auf der Schanze herumwuselten, irgendwann dann doch in ihre Busse stiegen und verschwanden. Nirgendwo konnte ich eine Frau entdecken, die meinen Vorstellungen von Dagmar Rom entsprach. Endlich, das Stadion war leer, sah ich eine Frau allein auf einer Bank oberhalb von mir sitzen. Sie sah

so jung aus, dass ich mir nicht vorstellen konnte, dass das mein »Blind Date« sei. Scheu ging ich zu ihr und fragte: »Grüß Gott, haben wir ein Treffen vereinbart, sind Sie Frau Rom?« Sie war es. Sie gab Felix lächelnd eine Tüte und meinte: »Die darfst du tragen! Lasst uns dort hinaufgehen!« Felix nahm stolz die Tüte entgegen und wir schritten die Serpentinen den Auslaufhügel hinauf, dorthin, wo 1976 das olympische Feuer entzündet worden war und auf einer Tafel alle Olympiasieger eingraviert waren. Sie plauderte lustig mit Felix über seine Liebe zum Rennenfahren, motivierte ihn und widmete sich ganz dem jungen Buben. Oben war der Moment gekommen: Sie öffnete die Tüte und übergab mir diese wunderschöne Fackel von 1976. Man sah ihr die Freude dieses besonderen Augenblickes an. Man sah das Glück in ihren Augen, jemand anderem eine Freude bereiten zu können. Dieser Moment ist mir unvergesslich.

Als Felix und ich später auf dem Nachhauseweg waren, meinte er: »Gell, Mama, auf die Beerdigung von der netten Frau gehen wir!«

Dankbarkeit erfüllte mich ebenso, als an diesem bewussten Geburtstag ein Anruf aus der Kinder-Rheumaklinik kam, ich solle doch kurz vorbeischauen. Da standen dann die Kinder, die Schwestern und Ärzte in der Eingangshalle und sangen mir das Ständchen »Viel Glück und viel Segen auf all deinen Wegen«. Wir schnitten den Geburtstagskuchen an und ich bewunderte die selbst gebastelten Karten und Geschenke. Da fiel es selbst mir schwer, die Tränen zu unterdrücken.

Der Höhepunkt jedoch war am Abend das Überraschungsfest oberhalb von Partenkirchen, beim »Gschwandner-Bauer«, das mir Christian organisiert hatte. Die gesamte Familie, Freunde von weit her, die ich Jahrzehnte nicht gesehen hatte, meine Skikollegen, alle waren gekommen und wir feierten ein Fest, bis uns der Bauer beim Morgengrauen rausschmiss, weil er die Kühe melken musste.

Zu jedem Geburtstag gehört natürlich ein selbst gebackener Kuchen, verziert mit der Anzahl der Lebensjahre durch Kerzen. Unser Familienklassiker ist der **Apfelkuchen** von Christians Schwester.

Zutaten
400 g Mehl
300 g Butter
150 g Zucker
1 Ei
1 Eigelb
1 Päckchen Vanillezucker
Schale von 1 unbehandelten Zitrone
2 kg Äpfel (Jonagold, Elstar und Boskop; darauf achten, nicht nur eine Sorte zu nehmen)

Zubereitung
Mehl, Butter, Zucker, Ei, Eigelb, Vanillezucker und Zitronenschale miteinander verkneten (möglichst in einem nicht zu heißen Raum). ⅔ des Teiges auf ein beschichtetes Backblech geben, danach die klein geschnittenen Äpfel auf den Teig legen (kleiner Tipp: mit einem Gurkenhobel bekommt man besonders dünne Apfelscheiben). Auf die Äpfel dann den Deckel mit dem restlichen Teig ziehen.
Bei 180°C im vorgeheizten Ofen mindestens 20 Minuten backen. Die letzten 5 Minuten bei 200°C.

Glücksbringer

Als ich noch Rennen fuhr, trug ich immer ein goldenes Schweinderl am Arm, das mir Christian 1971 geschenkt hatte. Er weiß noch heute genau, in welchem Laden er es in Wengen (Schweiz) beim Lauberhornrennen gekauft hat. Sicher existiert das Geschäft schon längst nicht mehr, ich bekomme jedoch immer noch erzählt, dass es, »wenn man von der kleinen Kirche die Hauptstraße den Hügel hinuntergeht, gleich rechts vor dem Fotoladen« liegt. Er war und ist überzeugt, dass es mir Glück gebracht hat. Auch für mich war dieses runde Schweinderl ein Heiligtum. Es gab kein Rennen oder keinen wichtigen Anlass, wo ich es nicht getragen hätte. Es war ein Symbol unserer Verbindung. Unser Trainer Heinz Mohr wollte uns Athleten von solchem Aberglauben abbringen. Er wollte, dass wir an uns selbst und unsere eigenen Stärken glauben. »Wer an solchen Humbug glaubt, ist nicht fähig, große Herausforderungen zu bestehen! Macht euch unabhängig von äußeren Einflüssen und glaubt an euch selbst«, war sein Credo. Er war ein Fußballnarr und wusste anscheinend nicht, dass selbst unser unvergesslicher Torwart Sepp Maier immer erst den linken Fußballschuh gebunden hat. Trotzdem ist er Weltmeister geworden. Ich ließ mich also nicht abbringen: Mein Talisman mit den spitzen Schweinsohren war immer dabei. Es war beim Weltcupslalom in Cortina d'Ampezzo 1975. Evi hatte am Vortag die Abfahrt gewonnen. Da sie im Slalom eine spätere Startnummer hatte, fuhr ich schon vor ihr mit den Trainern zum Einfahren hinauf auf die Toffana. Im Sessellift bemerkte ich mein Unglück: Ich hatte mein Schweinderl vergessen! In Panik suchte ich Klaus Mayr, unseren Cheftrainer, der immer Verständnis für uns Rennläuferinnen hatte, und bat ihn, über Funk der Evi im Hotel mitzuteilen, sie müsse mir unbedingt mein Armband mit dem Glücksschwein bringen und sie solle ja rechtzeitig vor dem Start da sein.

Faszination Tiefschnee (2011)

Die Startzeit rückte immer näher. Ich machte meine Aufwärmübungen, versuchte, mich auf den Lauf zu konzentrieren, und wartete auf Evi. Evi kam nicht (typisch für unsere Familie). Der Startrichter rief meine Nummer auf und ich fuhr ins Starthaus. Traudl Münch, unsere Physiotherapeutin, schüttelte mir die Muskeln. Ich drehte mich ständig um, wo denn nur die Evi sei. Die Fahrerin vor mir startete und auch ich musste nun die Schnallen von meinen Skischuhen schließen, die Stecken über die Startschranke heben und starten: ohne Schweinderl! Ich hatte einen Traumlauf, Bestzeit! Ich gewann das Rennen, die Kombination aus Abfahrt und Slalom und das Glück war perfekt.

Auf dem Nachhauseweg von Italien über Österreich nach Deutschland wollte uns der österreichische Zollbeamte nicht einreisen lassen, weil wir, wie er sagte, seinen österreichischen Mädchen nichts übrig gelassen hätten. Das war natürlich nur Spaß, denn Neid von anderen Nationen haben wir Gott sei Dank nie erfahren müssen. Auch der Zöllner gratulierte uns danach herzlich und bekam sein Autogramm, das er als Einreiseerlaubnis forderte.

1983, als wir schon längst Eheringe als Glücksbringer trugen, nahmen Christian und ich bei den Tiefschneeweltmeisterschaften in Kanada teil. Das ist ein ziemlich ernster Wettbewerb mit internationalen Vorqualifikationen. Es kommt darauf an, möglichst synchron und bildgleich runde Achter in den Tiefschnee zu legen. Ungefähr hundert Schwünge hintereinander in steilem Gelände sind gefordert und eine strenge Jury wacht über Stil und Homogenität. Extra aus Deutschland war ein Fernsehteam angereist. Im Gegensatz zu den anderen Teams hatten wir kaum Trainingsmöglichkeiten und waren zudem das einzige gemischte Duo im Feld mit völlig unterschiedlichen Skilängen. Der Start rückte näher und Christian war extrem angespannt. Ich sollte vorneweg fahren und er bläute mir permanent ein, wie ich die Radien zu ziehen hätte und dass ich unbedingt auf sein »Hopp, hopp« von hinten hören solle. Ich beruhigte ihn, dass der Wettkampf völlig unwichtig sei, erklärte ihm, wie schön die Berge um uns seien und dass wir dankbar für so ein Skierlebnis sein sollten. Das regte ihn eher noch mehr auf, woraufhin ich zu meinem entscheidenden Trumpf ausholte: »Christian, du kannst ganz relaxed sein, wir gewinnen heute, ich habe meine Skiunterhose von Innsbruck an, da kann nichts passieren.« Tatsächlich trug ich wie immer meine dunkelblaue lange Baumwollunterhose von 1976; die war schon viele Male gestopft und genäht, aber ein heiliges Relikt und vor allen Dingen warm war sie. Wir starteten, nach ca. dreißig Schwüngen hörte ich kein Hopp, hopp mehr hinter mir und ich

dachte schon, dass Christian gestürzt sei. Trotzdem fuhr ich weiter und bemerkte zum Glück im Ziel, dass er noch hinter mir war, ihm war auf dreitausend Metern Höhe nur die Luft ausgegangen. Wir wurden Tiefschneeweltmeister vor zwei Amerikanern und zwei Japanern, doch am Abend war nur noch das gemeinsame Erlebnis eines unvergesslichen Tages wichtig.
Übrigens: Soeben kommen wir aus Durban (Südafrika) vom IOC-Kongress zurück. Wir hatten zusammen mit Katharina Witt und den anderen Sportbotschaftern gehofft, den Zuschlag für die Olympischen Spiele 2018 zu bekommen. München, Garmisch-Partenkirchen und Schönau wären ideale Austragungsorte gewesen. Bei der Abstimmung und unserer so gelungenen Präsentation trug ich mein Armband mit dem Schweinderl. Es hat nichts geholfen und Pyeongchang hat gewonnen. In vier Jahren bei der nächsten Abstimmung trage ich mein Schweinderl wieder.

G
Goethe in der Gletscherspalte

Christians Großmutter Dorl (eine liebevolle Abkürzung für Theodora) Nonnenbruch kannte jede einzelne Blume mit ihrem Namen. In ihrem Berghaus in Gerold gab es eine eigene Bibliothek mit vielen botanischen Büchern. Nach dem Tod ihres Mannes beschäftigte sie sich intensiv mit der Natur, den Bergen und den Sternen. Ihr großes Fernrohr steht noch heute dort oben im »Häusl«. Sie wusste die Blumen nicht nur mit deutschem, sondern auch mit lateinischem Namen und bei den häufigen Spaziergängen lernte ich z. B. von ihr, dass »Polygala chamaebuxus«, die Buchs-Kreuzblume, im Frühjahr auf unseren kalkreichen Standorten wächst.
Meine eigene Großmutter hieß Creszentia und lebte in München. Sie liebte es, in die »Sommerfrische« zu fahren – ein Aus-

»Seitenverkehrt und trotzdem fröhlich«. Bei Dreharbeiten zur BR-Tele-Skigymnastik

G druck, den ich von ihr übernommen habe. Entweder reiste sie dazu auf die Nattersbergalm, nicht weit von unserer Winklmoosalm entfernt, wo mein Onkel Sepp zusammen mit meiner Patentante Käthi eine Jugendherberge leitete. Oder sie kam zu uns. Meist blieb sie vier Wochen, möglichst in der Zeit, in der sie Pilze suchen konnte. Da meine Eltern sehr viel arbeiteten, nahm sie Evi und mich mit in den Wald und erklärte uns, welche Schwammerl man essen durfte und welche nicht.

In Christians Leben spielte Großmutter Dorl eine sehr große Rolle, er hat sie innigst geliebt. Manchmal sagt er zu mir: »Als ich dich geheiratet habe, heiratete ich auch meine Großmutter.« Man könnte diese Aussage missverstehen, ich weiß jedoch, dass es kein schöneres Kompliment für mich geben kann.

Großmutter Dorl war unglaublich. Sie lebte vor dem Zweiten

Weltkrieg in Prag und führte einen großen Haushalt mit Köchin, Bügelfrau und Kindermädchen. Daneben gab sie Gesellschaften, wie es sich für die Frau eines Universitätsprofessors gehörte. Abends fanden Konzerte in ihrem Haus statt. Sie führte sogar ein Buch, in dem stand, welcher Gast zum Tee wie viel Löffel Zucker nahm und welcher auf Zucker verzichtete und stattdessen Milch bevorzugte.

Nach dem Krieg zog das Ehepaar Nonnenbruch mit den beiden Töchtern Marianne und Gretl (Christians Mutter) nach Gerold in Oberbayern in ein kleines Berghaus und die Großmutter vermisste nichts. Von einem Tag auf den anderen gab es kein gesellschaftliches Leben mehr, kein Dienstpersonal, keinen Wagen. Doch in Bescheidenheit akzeptierte sie es und war zufrieden mit dem, was sie hatte. Jeden Morgen stieg sie in den Brunnentrog vor dem Haus, um sich abzuhärten. Sie war Kneippschülerin und wusste, wie wichtig ein gutes Immunsystem und eine gesunde Lebensführung sind. Im Winter hackte sie dafür das Eis auf. Dazu gehörte regelmäßiges Schwimmen im nahen Geroldsee immer genau bis zu dem Punkt, wo man die Alpspitze sehen konnte. Kaum etwas war von der Städterin übrig geblieben – außer einigen Tassen ihres Nymphenburger Services, die sie hatte retten können. Sie verinnerlichte diese Einfachheit und selbst später, als alle Familienmitglieder ihr eigenes Zuhause gefunden hatten, lebte sie ganz allein dort oben. Neben ihrem Bett lag aus Sicherheitsgründen eine Gaspistole. Regelmäßig zog es sie in die umliegenden Berge des Wettersteins und mit dreiundsiebzig Jahren bestieg sie mutterseelenallein noch die von ihrem Balkon gut sichtbare Dreitorspitze (2633 Meter). Den gesamten Sternenhimmel konnte sie einem erklären und wieder und wieder las sie Goethe. Immer trug sie eine kleine Taschenbuchausgabe von Goethes Faust in ihrer Tasche. »Warum?«, fragte ich sie einmal. Ihre Antwort: »Falle ich während einer Bergtour in eine Gletscherspalte, kann ich wenigstens meinen Goethe lesen.«

Genauso wie bei uns auf der Winklmoosalm war ihre Familie nach dem Krieg auf Selbstversorgung angewiesen. Es gab Hühner, einen großen Gemüsegarten und ein eigenes Kartoffelfeld. Die umliegenden Bauern lieferten Milch, Butter und Fleisch. Dorl kümmerte sich selbstlos um ihre Kinder, später um die Enkel und Urenkel. Jeder profitierte von ihrer Herzlichkeit und Power. Am Morgen, meist schon ab sechs Uhr, kamen die Enkel zu ihr ins Bett und es wurde vorgelesen oder es wurden Geschichten erzählt. Christian kann noch heute die Gedichte auswendig, die er damals lernte. Im Sommer schlief sie im Freien am Balkon und eroberte sich mit ihrem Fernrohr den Sternenhimmel.
Erstaunlicherweise hatte auch meine Großmutter väterlicherseits ein ähnliches Interesse an der Astronomie. Während des Krieges, als mein Vater an der russischen Front im Kaukasus kämpfen musste, zog sie zu meiner Mutter auf die Winklmoos und leistete als gelernte Köchin hilfreiche Dienste. »Rosa«, sagte sie zu meiner Mutter, »sorge dich nicht, der Heinerl (so nannte sie meinen Vater) kommt wieder gesund nach Hause. Das lese ich in den Sternen.«
Ich erinnere mich noch gut an die erste Begegnung mit Dorl. Vom ersten Augenblick an fühlte ich mich zu ihr hingezogen. Es war wie eine Seelenverwandtschaft. Christian und ich besuchten sie oft in ihrem »Häusl« und genossen wunderbare Tage mit Spieleabenden, Ausflügen in die Natur und ihrem Verständnis für junge Menschen. Dorl spürte vor allen anderen, was sich zwischen Christian und mir anbahnte, und war glücklich darüber. Wer in Gerold bei ihr übernachtete, erlebte den steten Begleiter dieser Besuche, den Holzbrunnen vor dem Haus. Aus der eigenen Quelle gespeist, plätscherte er Tag und Nacht, Sommer und Winter und versorgte Spaziergänger, Radler und die Bewohner mit herrlich kühlem Naturwasser. Der Brunnen war und ist ein wesentlicher Bestandteil des Hauses, wenn er einmal nicht lief, fehlte etwas Wesentliches.

Dorl besaß einen alten schwarzen Käfer Baujahr 1960, der schon viel erlebt hatte. Sogar Christians frühe Fahrversuche überstand er. Irgendwie war der schwarze Käfer ein Wahrzeichen von Dorl. Er verband sie mit der Außenwelt und ermöglichte ihr viele Fahrten zu Freunden oder Familienmitgliedern. Alljährlich unternahm sie mit ihren Bauern Kaspar und Lena einen Tagesausflug in die Umgebung. Mit einer maximalen Höchstgeschwindigkeit von fünfzig km/h war sie eher ein Verkehrshindernis, doch dieser Ausflug war ein festes Ritual und sorgte bei den Bauern für eine willkommene Abwechslung. Unvergesslich bleibt, dass sie trotz vorsichtigster Fahrweise zwischen Fall und Vorderriss am Sylvenstein eine Hirschkuh aufgabelte. Die Hirschkuh lief davon, doch der schwarze Käfer blieb liegen und wir mussten sie abholen.

An ihrem achtzigsten Geburtstag Ende November 1973 nahm sie Christian in diesem Auto mit zu den Weltcuprennen nach St. Moritz. Es waren die Vorweltmeisterschaften und Abfahrtsrennen für Damen und Herren standen auf dem Programm. Noch manche unserer damaligen Kollegen erinnern sich an die ältere Dame im braunen Lodenmantel, die im Ziel stand und auf ihren Enkel wartete. Die Rennfahrer waren von uns informiert und so schwangen der Russi und der Klammer, die Pröll und die Nadig bei der Omi ab und gratulierten ihr zum Geburtstag. Ich werde dieses Bild und ihre Freude genauso wenig vergessen wie den Geburtstagstee am Nachmittag in ihrem Hotel. Zum Abschied bekam ich die »Goldene Sonne« von St. Moritz als Geschenk. Ich besitze sie noch heute und trage sie mit Stolz.

Eines Tages und ohne Anmeldung tauchte dieser Käfer auch oben bei uns auf der Winklmoos auf. Dorl, inzwischen dreiundachtzig Jahre alt, stieg freudig aus und begrüßte uns herzlichst. Sie wollte meine Eltern kennenlernen und sehen, wie ich wohne. Mein Herz jubelte.

H Himalaya, ganz persönlich

Die Münchner Gebrüder Schlagintweit waren 1854 die ersten Europäer, die den Nanga Parbat erblickten. Drei waren es, Hermann, Adolf und Robert, die von England aus zu einer Forschungsreise nach Zentralasien aufbrachen, um den Himalaya systematisch zu vermessen. Ein umfassendes Kartierungsprojekt sollte in dieser Region durchgeführt werden, ebenso hatten sie die Aufgabe, erdmagnetische Messungen vorzunehmen. All dies geschah im Auftrag der britischen East India Company und auf Empfehlung Alexander von Humboldts.

Die Schlagintweits sind Christians Vorfahren väterlicherseits (die Frau des Großvaters war eine geborene Schlagintweit). Wieder und wieder gab ich ihm zu verstehen, dass er einmal dorthin reisen sollte, wo seine Ahnen fast drei Jahre lang so viel Material gesammelt, so viele Skizzen und Aquarelle von der Vegetation angefertigt und Gesteinsproben mitgebracht hatten, dass all dies nicht mehr zu Lebzeiten der drei Brüder ausgewertet werden konnte. Spannend dabei ist, dass Adolf, der den Rückweg nach Hause über den Landweg nahm, unterwegs von aufständischen

Rebellen des Vali Khan als mutmaßlicher chinesischer Spion am 26. August 1857 enthauptet wurde.

Im Alpin-Museum des Deutschen Alpenvereins in München, in dem die Sammlung Schlagintweit untergebracht ist, gab es vor zwei Jahren eine Ausstellung und einen Vortrag über die Gebrüder Schlagintweit. Ich war beeindruckt, als wir sie besuchten: Sogar Fotografien hatten die Brüder gemacht, was damals eine Sensation war.

Ich drängte Christian nicht nur wegen der Gebrüder Schlagintweit, einmal in den Himalaya zu reisen, sondern auch, weil sein Vater dort 1959 als Arzt an einer Expedition im Karakorum teilgenommen hatte. Felix hatte von ihm zur Firmung ein Aquarell erhalten, das Hermann Schlagintweit im Oktober 1856 gemalt hatte: »Aussicht auf den Morgan-Pass nach Süden ... aus dem Vadran-Tal kommend.« Mit Bleistift notierte er hinzu: »Ziemlich üppige Tannenvegetation, kein Fluss sichtbar.«

Meine Beharrlichkeit hatte schließlich Erfolg. 2004 flogen wir nach Nepal. Ich erinnere mich noch gut an den ersten Anblick dieser unendlichen Gebirgskette vom Flugzeug aus. Ich hatte wirklich schon viele Berge gesehen, doch wie da die Achttausender aufgereiht nebeneinander standen, das war beeindruckend.

Was für eine Motivation und Willensstärke, was für eine Faszination mussten die Gebrüder Schlagintweit empfunden haben, als sie dieses majestätische Hochgebirge erforschten? Mehrere Tausend Kilometer quer durch Indien und durch den Himalaya, in einem unerforschten Land mit jeder Menge Gepäck und wissenschaftlichem Gerät. Man kann nur erahnen, wie primitiv die damalige Ausrüstung nach heutigen Gesichtspunkten gewesen ist, und trotzdem stellten sie mit 6785 überwundenen Höhenmetern einen neuen Höhenrekord auf. Ein ständiges Hinauf und Hinunter, allein aus Zwecken der Kartografierung, diese Menschen waren besessen von ihrer Forscherleidenschaft.

Reinhold Messner hatte mich vor einigen Jahren gefragt, ob ich nicht einmal Lust hätte, ihn auf einer Expedition zu begleiten. Als Mensch, der sich ständig in Extremen bewegt, war er davon ausgegangen, dass auch ich als Leistungssportlerin immer neue Herausforderungen suchen würde. Meine Antwort: »Es freut und ehrt mich, dass du mich fragst. Das ist aber nichts für mich! Ich verzehre mich nicht nach neuen Höhen und Gipfeln. Ich finde mein Glück auch in Mittelgebirgen ohne Rekorde oder Öffentlichkeit.« Mir reicht es, in die Berge zu gehen, ohne Leistungsdruck oder festgelegtes Ziel. Ich freue mich mehr über eine bunte Bergblumenwiese als über eine bezwungene Felswand.

Man könnte mir entgegenhalten, dass auch Skirennen mit vereisten Rennpisten extrem und über dem Limit seien. Das stimmt, doch es ist mein Metier, in das ich hineingeboren wurde und in dem ich mich auskenne. Ich bewege mich in bekanntem Terrain und muss nicht fürchten, von einem Unwetter überrascht zu werden, aus dem ich keinen Ausweg kenne. So wie ich im Skisport, so bewegt sich Reinhold Messner auf seinen ihm vertrauten Pfaden. Er ist »eins« geworden mit seinen Touren jenseits unserer Vorstellungskraft. Von klein auf hat er sich ausschließlich in den Grenzbereichen seiner Leidenschaften bewegt und dadurch einen Instinkt entwickelt, der ihn überleben ließ. Auf dem schwierigsten Slalomhang, den wir je gefahren waren, und trotz des Drucks eines olympischen Wettkampfes, bewegte ich mich völlig entspannt und mit wunderbarer Leichtigkeit. Ich nahm nichts von meiner Umwelt wahr, mir war gleichgültig, dass ich einen neuen Ski an den Füßen hatte, den ich noch nie vorher in einem Rennen gefahren hatte, ich wollte nur meine Leidenschaft an der Lieblingsdisziplin ausleben. Ich bin nicht selbst gefahren, sondern »es fuhr in mir«. Dass ich so einen Moment in einem der wichtigsten Rennen meines Lebens erfahren durfte, dafür kann ich nur dankbar sein.

Hochzeitstag, immer wieder gern vergessen

Christian und ich heirateten 1980, am 07.06. Es ist ein seltsames Datum, denn jedes Jahr denke ich, es muss der 06.07. sein, an dem wir unseren Hochzeitstag haben – ein Zahlendreher, der sich irgendwann einmal bei mir wie auf einer Festplatte gespeichert hat. Bei Christian ist das anders: Zahlendreher kennt er nicht, dennoch vergisst auch er regelmäßig den Hochzeitstag. Wir lachen uns jedes Mal kaputt, wenn es wieder passiert, und inzwischen ranken sich auch die kuriosesten Geschichten um diesen Termin.

An unserem vierten Hochzeitstag räumten wir im Keller einen neuen Schrank ein. Christian war noch mit der Montage von Regalbrettern beschäftigt, als das Mobiltelefon klingelte und Christians Mutter anrief: »Hört ihr die Glocken läuten?«, fragte sie mit erwartungsvoller Stimme.

»Nein«, antwortete Christian. »Weshalb denn?«

»Na, heute ist doch euer Hochzeitstag.«

Sofort ließen wir Schränke Schränke sein, ignorierten das herumliegende Chaos, gingen nach oben an den Eisschrank und öffneten eine Flasche Sekt. Erst eine Woche später kamen wir dann wieder dazu, den Schrank fertig einzuräumen.

Ein anderes Mal spielten wir mit einer Gruppe von Freunden Golf in Seefeld. Danach ließen wir den Tag in einem nahe gelegenen Restaurant ausklingen. Am Nebentisch saß ein älteres Ehepaar und bestellte sich eine Flasche Champagner. Als die geleert war, bestellten sie sich noch eine Flasche. Hey, die waren vielleicht gut drauf. Ich beugte mich zu Christian und flüsterte

Ohne Worte: 7. Juni 1980

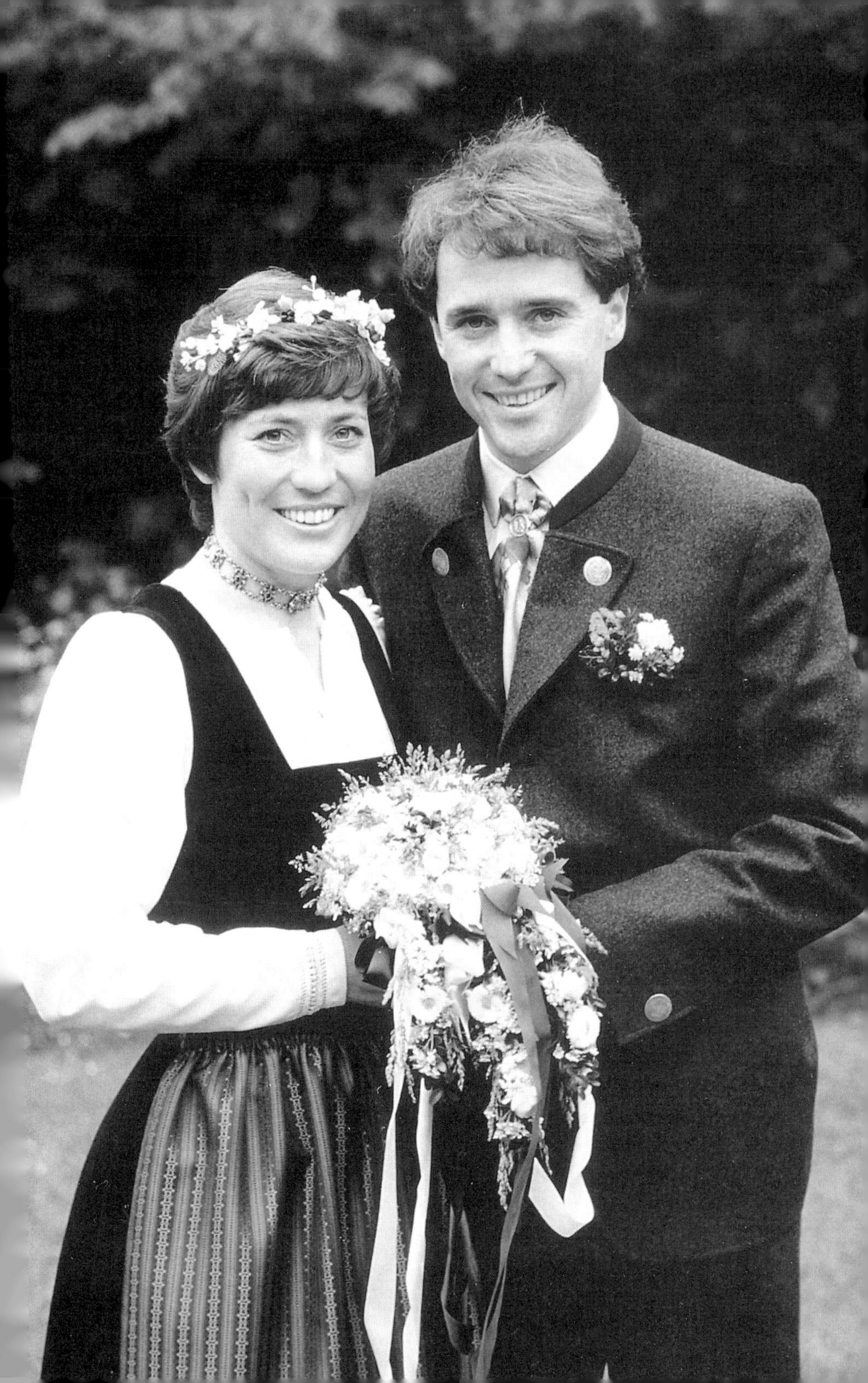

ihm zu: »Die gluckern ganz schön was weg. Die haben sicher etwas zu feiern.«
Ich dachte mir, die werden wahrscheinlich Hochzeitstag haben, und wusste im selben Augenblick: »Heute ist ja der 7. Juni!« Ich bestellte heimlich ebenfalls eine Flasche Champagner und erlebte meinen Mann selten sprachlos. Mit dem Nachbartisch feierten wir dann noch lustig bis spät in die Nacht.
Dieses Jahr saßen wir beim Nachmittagstee auf der Terrasse, als Felix von seiner Schulter-Reha aus Schliersee anrief. Christian stand mit seinem Handy auf und entfernte sich, ohne mich mithören zu lassen. Ich war leicht säuerlich und erst recht sprachlos, als er mir von Weitem zurief: »Ich muss schnell etwas besorgen, ich bin gleich wieder zurück.« Weg war er. Fünfzehn Minuten später tauchte er im Smoking wieder auf, in der Hand einen riesigen Sommerblumenstrauß und eine Flasche Sekt: »Gratuliere zum Hochzeitstag!«
Dieses Mal hatte ihn Felix gerettet. Beim Warten auf die nächste Behandlung kam ein fremder Mann auf ihn zu und sagte: »Du, deine Eltern haben heute Hochzeitstag, ich habe nämlich am selben Tag geheiratet.« Da die Männer im Hause zusammenhalten, rief Felix den Vater an, und so bekam dieses denkwürdige Datum eine neue Variante unserer Vergesslichkeit.

Hose runter

Ich habe ein katastrophales Zeitgefühl. Das ist wahrscheinlich auch der Grund, weshalb ich immer unpünktlich bin. Am schlimmsten muss es für meine Trainer 1975 beim Slalom-Weltcup in Kranjska Gora (Slowenien) gewesen sein.
Es war ein bitterkalter Renntag. Schon früh waren wir beim Besichtigen und anschließenden Einfahren am Hang gewesen.

Ich fror erbärmlich und hatte das Gefühl, es sei noch viel Zeit bis zum Start. Gleich neben dem Ziel entdeckte ich Adi Klier, wie er sein Auto parkte: »Du, Adi, kann ich mich schnell bei dir im Auto aufwärmen, den Schlüssel leg ich dir dann auf den rechten Vorderreifen.« Bei laufendem Motor setzte ich mich gemütlich ins Auto, zog die Skischuhe aus und wärmte meine Zehen am warmen Gebläse der Heizung. Auf Ö3 kam super Musik und ich fühlte mich richtig wohl. Auf einmal riss jemand die Tür auf und brüllte: »Sag mal, spinnst du, wir suchen dich überall und du sitzt hier, wie wenn nichts wäre! In dreißig Minuten ist Start, wie willst du das schaffen!« Es war mein Trainer Heinz Mohr. Tatsächlich blieb kaum mehr Zeit, wir mussten noch mit dem Sessellift fahren und die letzten Tore zu Fuß zum Start hinauflaufen. Ich zog die Skischuhe an, Heinz trieb mich zum Lift und oben hetzte er mich unter ständigen Beschimpfungen zum Start. Ich hatte auch noch ausgerechnet Startnummer zwei und an eine vernünftige Startvorbereitung war nicht mehr zu denken. Umso zorniger war ich auf Heinz und die anderen Trainer, weil die mich so fertigmachten. Mit einer Mordswut im Bauch ging's dann ins Rennen. »Denen zeig ich's«, dachte ich mir! Der Zorn hielt auch noch im zweiten Durchgang, die Kommunikation war sehr eingeschränkt. Ob das die richtige Motivation war? Egal, ich wurde Zweite hinter der Österreicherin Regina Sackl und die Trainer mussten mir kleinlaut gratulieren.

Eine ähnlich schlimme Situation erlebte ich beim Weltcuprennen in Sterzing (Italien). Es herrschte schlechte Sicht und leichtes Schneetreiben. Nervös, wie man am Start ist, musste ich dringend noch mal »wohin«. Heutzutage ist das geregelt, damals gab es noch keine Einrichtungen für derartige Probleme. Ich sah mich um und entdeckte oberhalb des Startgeländes eine geeignete Stelle. Also schnell hinauf und noch ein bisschen seitwärts, da konnte mich niemand sehen: »Hose runter!« »Wum« machte es und ausgerechnet im ungünstigsten Augenblick gab die

Zeittafel von 1971

gesamte Schneedecke unter mir nach, ich rutschte mit einer Schneewechte den Hang hinunter. Mühsam rappelte ich mich auf, alles war voller Schnee. Ich versuchte mich, so gut es ging, abzuklopfen: »Hose rauf!« Zusätzlich musste ich den steilen Abbruch wieder hinaufklettern. Es war mehr ein mühsames Hinaufkrabbeln auf allen vieren. Schnaufend oben angekommen, hatte ich eiskalte Hände und ein äußerst unangenehmes Gefühl.
Klaus Mayr, unser Cheftrainer, stand schon ungeduldig am Start und rief mir zu: »Wo bleibst du denn?« Ich rief zurück: »Bin mit einer Schneewechte abgerutscht. Hilf mir bitte, die Handschuhe anzuziehen, ich bin eiskalt, ich schaffe es nicht allein.« Traudl

Münch eilte hinzu und beide halfen mir mit eher säuerlichem Gesicht in die Handschuhe und Ski. Schlotternd und völlig daneben startete ich. Dieses Mal ging die Geschichte nicht so gut aus wie in Kranjska Gora. Am vierten Tor schied ich aus!
Heute schmunzeln wir alle darüber, ich kann mir aber gut vorstellen, wie sehr meine Betreuer und Trainer »unter mir« leiden mussten.
In den Sechzigerjahren, als noch Sepp Behr mein Cheftrainer war, startete ich bei einem Rennen in Abetone, das liegt in der Toskana, wo auch der berühmte Skirennfahrer Zeno Colò herkommt. Es hatte sehr stark geschneit und ich stand mit meiner Freundin Traudl am Lift, einem Einzelsessellift. Jede von uns hatte ein zweites Paar Ski dabei, den Trainingsski an den Füßen und den Rennski in der Hand, den wir am Start lassen wollten. Traudl stieg vor mir ein und ich nahm den nächsten Sessel. Die Extra-Ski und -Stöcke verhinderten, dass ich den Liftbügel schließen konnte. Kurz vor der ersten Stütze beugte ich mich deshalb etwas seitlich nach vorn, die Skier an den Füßen kippten nach unten und spitzelten im hohen Schnee ein. Mit einem Salto vorwärts schleuderte ich aus dem Sessel in die Pulvermasse. Nun begann ein schrecklicher Kampf. Aus dem weichen Tiefschnee kam ich mit den langen Latten einfach nicht richtig heraus. Das zweite Paar Skier und die Stöcke behinderten zusätzlich. Kaum hatte ich mich etwas hochgearbeitet, kam schon wieder der nächste Sessel und ich musste mich ducken. Traudl schwebte, ohne etwas zu bemerken, weiter und erst einige Minuten später merkte der Liftmann in der Talstation, was für ein Drama sich da oben abspielte. Er stellte den Lift ab und ich konnte mich herausgraben. Abgekämpft kam ich einige Zeit später oben bei Traudl an. Sie meinte nur: »Typisch Rosi!« Dabei hatte ich in diesem Fall wirklich nur Pech gehabt, oder?
Richtig Lehrgeld zahlen musste ich bei den Skiweltmeisterschaften 1974 in St. Moritz. Ich war gut in Form und Favoritin

auf eine Medaille in den technischen Disziplinen und der Kombination, die damals noch aus der Wertung von Slalom, Riesenslalom und Abfahrt ermittelt wurde. Die erste Disziplin war die Abfahrt. Man muss dazu wissen, dass bei so einem wichtigen Wettbewerb alles doppelt und dreifach kontrolliert wird. Mein Servicemann für die Bindung nahm sich am Start besonders viel Zeit und überprüfte Anpressdruck und Einstellungsgrad so genau wie sonst nie bei einem Weltcuprennen. Das Rennen lief im oberen Teil super für mich: zweitbeste Zwischenzeit. Ich kam zu der langen hängenden Rechtskurve an der Signalbahn und gab vollen Druck auf den linken Außenski. Ich werde es nie vergessen: Auf einmal spürte ich keinen Druck mehr unter meinem Bein. Die Bindung hatte sich von selbst geöffnet und der linke Ski fuhr davon – ohne mich. Ich rettete mich über den Innenski ziemlich spektakulär vor einem Sturz, doch das Rennen war vorbei. Die Chancen auf eine Medaille in der Abfahrt und Kombination waren weg und ich war zusätzlich der »Running Gag« bei allen Einspielungen im TV wegen meiner komischen Rettungsaktion.

Ähnlich ging es weiter. Meine Trainer hatten mir immer gepredigt, ich solle sicherheitshalber ein zweites Paar Skischuhe »einfahren« (das heißt, mich daran gewöhnen), damit ich ohne Probleme umsteigen könnte, falls den »ersten« Rennschuhen mal etwas passieren würde. Sorglos, wie ich war, versäumte ich das und so hatte mein zweites Paar noch nie Schnee gesehen.

Es geschah am Tag vor dem Slalom beim Training. Die Schuhsohle brach und mein geliebter Rennschuh war unbrauchbar. Im neuen ungewohnten Skischuh stand ich nun am nächsten Tag am Start. Jeder Skifahrer, der einen neuen Schuh zum ersten Mal probiert, kann sich vorstellen, wie ich mich gefühlt habe: keine Harmonie, keine Einheit zwischen Mensch und Material. Das Ergebnis: ausgeschieden! Zu allem Unglück kam hinzu, dass auch Christa Zechmeister, die davor fünf Slaloms hintereinander

Ein neues Helmdesign (1973)

gewonnen hatte, ebenfalls im ersten Durchgang ausschied und damit unsere größte Medaillenhoffnung zerstört war. Wenigstens konnte ich im zweiten Durchgang noch meine Schweizer Freundin Lis Marie Morerod anfeuern, die tatsächlich und sehr überraschend »Bronze« gewann. Das war ein Trost.
Dann kam der Riesenslalom und das deutsche Team stand mächtig unter Druck. Weder die Männer noch die Damen hatten vor den letzten beiden Rennen eine Medaille gewonnen. Endlich hatten wir aber mal Glück. Traudl Treichl aus Fall gewann »Silber«. War das eine Freude, denn so richtig hatte niemand mit ihr gerechnet.
Wir sind beide gleich alt und uns verbindet bis heute eine wunderbare Freundschaft. Sie ist Friseurmeisterin und während der

Rennen hat sie mir immer die Haare geschnitten. Im Gegenzug bemalte ich ihr den Sturzhelm mit ihrem Sternzeichen, einem Fisch. Damals begannen wir Rennläuferinnen, unsere Helme mit persönlichen Glückszeichen zu verzieren. Wir haben das eigenhändig ausgeführt. Heutzutage sind professionelle Paintbrusher am Werk, interessanterweise auch deshalb, weil nur bestimmte Farben oder Lösungsmittel die Sicherheit der Helme garantieren. Traudl bekam also einen Fisch, Evi einen Snoopy und ich malte mir selbst einen Löwen darauf. Die Tradition setzt sich bis heute fort: Ameli designte im vergangenen Winter den Helm von Felix mit seinem Sternzeichen, einem Widder mit großen Hörnern.

Doch zurück nach St. Moritz. Traudl Treichl rettete diese Weltmeisterschaft für unsere Mannschaft. Sie nahm dadurch viel Druck vom Team, was sich bis in den nächsten Winter oder sogar bis zu den Olympischen Spielen in Innsbruck zwei Jahre später positiv auswirkte. Öffentliche Gelder für Sportverbände werden nach Medaillen bei Großereignissen vergeben. Man rutscht dadurch in eine höhere Förderungsstufe. Insofern bekam der Deutsche Skiverband durch diese Medaillen das finanzielle Rüstzeug, um uns sportlich und wissenschaftlich optimal für Olympia 1976 zu betreuen. Oft hängen mit solchen Medaillen eben nicht nur persönliche, sondern auch förderspezifische Träume für ein großes Team zusammen. Auch bei mir wirkte St. Moritz nach. Erstmals reiste ich wirklich geknickt und betroffen von einer Veranstaltung ab, erstmals nahm ich die Niederlage nicht so locker und gelassen hin, wie es den Anschein machte. Es kam die Zeit für Veränderungen.

Zum Schluss einen Sprung ins Jahr 2010: Traudl Treichl, die jetzt Traudl Reindl heißt, musste an der Hüfte operiert werden. Während der Operation brannte bei uns die selbst gebastelte Osterkerze als gedankliche Verbindung zu ihr. Auch sechsunddreißig Jahre später halten uns der Sport und die gemeinsamen Erlebnisse zusammen.

Hüte, insbesondere die Hüte meiner Mutter

Trotz des Lebens auf der Alm blieb meine Mutter immer eine Städterin. Sie war in München aufgewachsen, das konnte sie einfach nicht abschütteln. Sie hatte Schneiderin und Pelznähen gelernt. So setzte sie stets einen Hut auf, wenn sie zum Einkaufen nach Reit im Winkl oder Traunstein fuhr. Keine Bäuerin in den umliegenden Dörfern und Ortschaften hätte jemals so einen Hut getragen. Die älteren Frauen unter ihnen banden sich vielleicht noch ein Kopftuch um, doch so ein kunstvoll drapiertes Gebilde, wie es meine Mutter auf den Haaren hatte, niemals. Meine Mutter störte das wenig, im Gegenteil, auch ihre Kostüme waren entsprechend. Jede Städterin der Fünfziger- oder Sechzigerjahre zog, wenn sie schick sein wollte, ein Kostüm an. Meine Mutter dachte nicht daran, auf diese modischen Extravaganzen zu verzichten. Ihr stand zwar ein Dirndl oder der Trachtenlook äußerst gut, doch sie liebte das Elegante, als wäre das eine Brücke zu ihrem früheren Stadtleben.

Als Kind machte ich damit meine eigenen Erfahrungen, insbesondere mit ihren Hüten. Als ich in Reit im Winkl in die Schule kam, war es für meine Eltern nicht zumutbar und zu umständlich, mich jeden Morgen von der Winklmoosalm über die schwierige Bergstraße hinunter nach Reit im Winkl in die Schule zu fahren. Netterweise bot sich unsere Freundin, die Gemüsehändlerin Hedi Schlechter an, mich unter der Woche bei sich aufzunehmen und zu versorgen. Sie hatte selbst drei Töchter, Hedi, Gitta und Traudi, die alle etwas älter waren. Ich kam somit in ein wohlbehütetes Umfeld. Vom ersten Tag an wurde ich wie das eigene Kind behandelt, eher sogar noch mehr verwöhnt – ich war deren Nesthäkchen. Man schmierte mir morgens vor Schulbeginn sogar Honigbrote – zu Hause in unserem Gaststättenbetrieb hätte kein Mensch dafür Zeit gehabt. Ich fühlte mich richtig wohl und für Heimweh war kein Platz.

Tante Paula und Mutti (rechts) beim Sonntagsausflug

H

Ich hatte keine Alternative und war mir dieser Tatsache sehr wohl bewusst. Auf der Alm gab es keine Schule und da ich in die Schule gehen musste und auch wollte, gab es kein Gejammer. Heidi, meiner älteren Schwester, ging es ähnlich. Sie hatte zwar in den ersten zwei Schuljahren einen Privatlehrer, was aber auf die Dauer keine Lösung war, und so wurde sie für den Rest der Schulzeit zur Großmutter nach München geschickt. Alle vierzehn Tage kam sie am Wochenende heim und empfand das Stadtleben genauso wenig tragisch wie ich mein Dorfdasein.
Nach drei Jahren war meine Zeit bei der Familie Schlechter deshalb vorbei, weil Evi in die Schule kam und wir beide von diesem Tag an von meinem Vater nach Reit im Winkl gefahren wurden. Da »lohnte« sich der Aufwand eher.

Doch zurück zum Hut. Eines Tages fuhr meine Mutter ins Tal nach Reit im Winkl und besuchte die Lehrersprechstunde in der Schule. Ich weiß es noch genau: Unser Klassenzimmer lag ebenerdig neben dem Eingang und wir Schüler konnten genau beobachten, wer so ein- und ausging. Plötzlich flüsterte eine Mitschülerin: »Schaut's mal schnell raus, wer da kommt. Was hat die denn auf dem Kopf, die sieht ja aus wie eine Hupfdohle! Die hat ja ein Vogelnest auf dem Kopf!« Voller Neugier drehte auch ich mich Richtung Fenster. Was ich sah, war schrecklich. Meine Mutter hatte einen ihrer »modernen« Hüte auf und schritt selbstbewusst in die Schule. Ich wäre am liebsten im Boden versunken und hoffte inständig, dass keiner entdecken würde, dass das meine Mutter sei.

Nach der Schule traf ich sie bei Tante Hedi: »Mutti, zieh nie mehr einen Hut auf. Ich verbiete dir, diese Hüte zu tragen. Du siehst schrecklich aus. Ich gehe nie mehr in die Klasse, wenn die merken, dass du meine Mutter bist!« Mutti hat wohl gemerkt, dass mich ihr Outfit richtig belastete. Ich sah sie in Zukunft nur noch »oben ohne« zur Schule kommen.

Vielleicht wurde dieses Kindheitserlebnis zum echten Trauma für mich. Ich trage bis heute nicht gerne Hüte. Ich habe immer das Gefühl, die stehen mir nicht. Freiwillig ziehe ich keinen Hut auf. Doch wie es das Leben so will, Ameli zog es von klein auf zur Mode und zu schönen Kleidern hin. Zur Hochzeit hatte ich von meiner Mutter eine elektrische Nähmaschine bekommen. Als Ameli dann ihre dreijährige Ausbildung auf der Modeschule ESMOD in München begann, schenkte ich ihr diese Nähmaschine. Sie begleitet Ameli noch heute und verhalf ihr mit ihrer Abschlussarbeit auch zum ersten Platz beim »China International Young Fashion Designer Contest« in Peking. Ironie des Schicksals: Der herausragende Teil dieser Arbeit waren fünf extravagante Hüte. Meine Mutter hätte ihre Freude gehabt.

Idol große Schwester

Zwei Schwestern habe ich. Evi ist drei Jahre jünger als ich, mit ihr bin ich aufgewachsen, wir haben im gleichen Zimmer geschlafen und sie hat von mir, der älteren Schwester, in der Kindheit viel erdulden müssen. Heidi, die eigentlich Heide heißt, ist neun Jahre älter als ich und sie war mein großes Idol. Ich erinnere mich noch sehr genau: Als ich zehn Jahre alt war, gehörte sie bereits der Ski-Nationalmannschaft an und durfte 1960 an den Olympischen Spielen in Squaw Valley (USA) teilnehmen. Für uns in der Familie war das ungeheuer spannend. Nur die wenigsten aus unserem Bekannten- und Familienkreis waren schon in den USA gewesen. Mir erschien das damals wie heutzutage ein Flug ins Weltall. Heidi flog mit einer viermotorigen Propellermaschine von München über Montreal, Chicago nach Reno und anschließend mit dem Auto über den Lake Tahoe nach Squaw Valley.
Diese Olympischen Spiele hatten schon bei der Vergabe 1955 für gewaltige Aufregung gesorgt, weil dieser Ort im »Tal der Indianerfrauen« bei der Vergabe noch gar nicht existierte. Es handelte

Erster Trainingskurs mit Heidi in Sestriere (1965)

sich um ein Entwicklungsprojekt eines reichen Amerikaners. Es entstand einer dieser typischen Retortenorte mit einem großen Hotel, darum herum einige kleine Häuser und viele provisorische Bauten für die Unterbringung und Verpflegung der Athleten. Eines muss man sagen: Es wurden wunderschöne Spiele mit den kürzesten Wegen, die es je gegeben hat. Nur die Bobbahn fehlte, da sich nur neun Nationen für die Wettbewerbe gemeldet hatten. Da wurde sie einfach nicht gebaut – eine Einmaligkeit in der Geschichte von Olympia. Deutschland startete als gesamtdeutsche Mannschaft mit einer eigenen Sportflagge. Für unsere Olympiasieger Heidi Biebl, Helmut Recknagel und Helga Haase wurde nicht unsere heutige Nationalhymne gespielt, sondern Beethovens »Freude schöner Götterfunken«. Die größte Auf-

merksamkeit erfuhr unser »Jörgl« Thoma, der Postbote aus Hinterzarten, der als erster Nichtskandinavier eine Goldmedaille in der Nordischen Kombination gewann.
Gebannt saßen wir also jeden Abend vor dem Fernseher und sogen alle Eindrücke in uns auf. Wir entdeckten Heidi bei der Eröffnungsfeier in ihrem roten Mohairmantel – die deutsche Mannschaft war eindeutig am besten eingekleidet. Wir sahen die Siegerehrungen mit Barbi Henneberger (Bronze im Slalom) und Hans-Peter Lanig (Silber in der Abfahrt) und in mir wuchs immer stärker der Wunsch, auch mal Olympische Spiele erleben zu dürfen.
Als Heidi zurückkam, brachte sie uns Cowboyhüte und bedruckte T-Shirts mit. Noch schöner waren ihre Erzählungen. Wir quetschten sie geradezu aus. Alles wollten wir wissen, von der Konfettiparade in Reno, von der Indianerin hinter der Bar, auf die alle Buben so sehr »standen«, von den Hotdogs, der unvergleichlichen »Ice-Cream« und den Micky-Maus-Filmen in den aufblasbaren Zelten. Es waren Erlebnisse wie aus Tausendundeiner Nacht.
Vier Jahre später, 1964, startete Heidi nochmals bei den Olympischen Spielen in Innsbruck und belegte dort Platz zehn. Mir war klar, ich wollte wie Heidi werden, auch Skirennfahrerin, und mich für Olympia qualifizieren.
Doch bei Heidi musste ich auch erleben, dass der Rennsport Schattenseiten hat, mit denen man ebenfalls fertig werden muss. Ohne Verletzungen kommt man im alpinen Skisport nicht durchs Leben. Heidi erwischte es besonders schwer.
1958 passierte es bei einem Riesenslalom in Hochsölden im Ötztal. Mein Vater war bei diesem Rennen als Mannschaftsbetreuer im Einsatz und übernahm zusätzlich die Funktion des Startrichters. Er hatte Heidi bereits ins Rennen geschickt, als er von Rennläuferinnen, die aus dem Ziel wieder zum zweiten Durchgang an den Start kamen, hörte, dass sich ein unschöner Unfall

ereignet hätte. Eine Läuferin sei ins Absperrseil gerast und liege schwer verletzt im Ziel. Das könnte die Heidi sein, dachte Vati besorgt und fuhr sofort hinunter. Da lag tatsächlich Heidi und wurde von einem Arzt und mehreren Bergwachtmännern versorgt. Verdacht auf Milzriss war die Diagnose. Der Abtransport stellte sich als höchst problematisch heraus. Heidi wurde immer wieder ohnmächtig und musste möglichst ruhig abtransportiert werden. Man legte sie daher auf eine Bahre und diese auf die Materialseilbahn, die Hochsölden mit Lebensmitteln versorgte. Mein Vater hockte neben ihr auf der ungesicherten Ladefläche und hielt sie so schwebend bis ins Tal. Immer wieder verrutschte die Liege an den rumpeligen Stützen, doch Gott sei Dank hielten die Befestigungsriemen. Leider war kein Sanitätsauto verfügbar, weshalb man schnell ein Taxi besorgt hatte, das unten mit laufendem Motor wartete. Vati feuerte den Taxifahrer ständig an, schneller zu fahren. In Innsbruck missachteten sie sämtliche Ampeln. An der Universitätsklinik warteten bereits die informierten Ärzte. Heidi wurde sofort notoperiert und man stellte fest, dass nicht die Milz, sondern die Niere betroffen war. Der Schnitt wurde verlängert und die Niere musste ihr entnommen werden. Die lange Narbe ist noch heute ihr Markenzeichen.

Beim Aufwachen war mein Vater an ihrer Seite. Als Erstes fragte Heidi: »Kann ich wieder Ski fahren? Darf ich weiter Rennen fahren? Wenn nicht, möchte ich lieber sterben.« Mein Vater nickte nur und meinte: »Heidi, das kriegen wir schon wieder hin!« Weder er noch die Ärzte glaubten zu diesem Zeitpunkt, dass Heidi je wieder Wettkämpfe bestreiten könnte. Alle waren nur darauf bedacht, sie aufzubauen und aufzumuntern. Glücklicherweise verlief die Heilung optimal. Heidi mit ihrer positiven Lebenseinstellung und ihrem Lebenswillen überwand diesen Schicksalsschlag und erholte sich mit dem Ziel vor Augen, wieder Skirennen fahren zu dürfen, erstaunlich schnell. Bereits im

»Skischule Mittermaier«: Vati, Evi, Heidi, Heidis Tochter Moni, ich, Mutti, Heidis Mann Heiner (1975)

darauffolgenden Herbst konnte sie wieder ins Mannschaftstraining einsteigen und vorsichtig mit dem Training beginnen.
Kurz nach Weihnachten brachten wir sie dann nochmals für mehrere Tage zur Routineuntersuchung in die Klinik nach München. Am 1. Januar besuchte sie unser Onkel Sepp. Heidi war ungeduldig und aufgeregt und wollte nur raus, raus aus der Klinik. Ohne das endgültige Bulletin abzuwarten, nahm Onkel Sepp Heidi mit nach Hause und von dort direkt zu den FIS-A-Rennen (heutige Weltcuprennen) nach Grindelwald, wo am Wochenende der Slalom stattfand. Darauf hatte Heidi gehofft. Voll motiviert und im totalen Glücksgefühl fuhr sie das beste Rennen ihres

Lebens und gewann diesen Klassiker. Wenige Wochen später brach sie sich bei den FIS-Rennen in Garmisch-Partenkirchen den Knöchel. Doch sie gab nie auf und startete noch acht Jahre äußerst erfolgreich bei allen großen Rennen. Vier deutsche Meistertitel kamen zu den internationalen Erfolgen hinzu.
1966 nach den Weltmeisterschaften in Portillo (Chile) beendete sie ihre Karriere. In dieser letzten Rennsaison durfte ich erstmals mit Heidi zusammen in der Mannschaft trainieren und meine ersten großen Rennen bestreiten. Es war eine wunderbare gemeinsame Zeit. Heidi half mir in dem neuen fremden Umfeld und sorgte dafür, dass ich nicht zu frech wurde. Wo immer ich hinkam, begrüßten mich die Funktionäre und Trainer freudig: »Gell, du bist die kleine Schwester von der Heidi! Sagst an lieben Gruß von mir!« Ich merkte schnell, wie beliebt sie in der Szene war und wie freundlich daher auch ich empfangen wurde. In besseren Spuren konnte ich nicht schwingen. Ich wusste schon, weshalb sie mein Vorbild war und weshalb sie es bis heute geblieben ist.

I'm for soccerplayers

Es war ein schwerer Entschluss, den geliebten Skirennsport aufzugeben. Ich war erst fünfundzwanzig Jahre alt, doch damals in den Siebzigerjahren bezeichnete man mich in manchen Zeitungen schon als »Oma auf Skiern«! Sicher, ich war schon seit dem sechzehnten Lebensjahr im Weltcup dabei, aber alt fühlte ich mich nun überhaupt nicht. Dann kam Innsbruck und ich hatte in einem Winter alles erreicht, was ich erreichen konnte. Jeder riet mir daher: »Rosi, hör auf. Das Wichtigste, was es in einem Sportlerleben gibt, ist, am Höhepunkt aufzuhören!«
Wir waren damals noch Amateure, also wir durften keine Werbeverträge abschließen und mit dem Sport kein Geld verdienen.

Weiter Ski zu fahren hätte für mich bedeutet, gegebenenfalls ohne Ausbildung und finanzielles Polster nach der Karriere wieder ganz unten anzufangen und mir mit dreißig Jahren eine neue Existenz aufzubauen. Innsbruck 1976 hatte mein Leben verändert, plötzlich war eine einzigartige Chance da, eine neues, spannendes und interessantes Leben zu beginnen, und ich war bereit, diese Veränderungen anzunehmen. Ich hätte sowieso nicht mehr in Ruhe trainieren oder die Skirennen so froh und unbelastet bestreiten können, da war es gescheiter, den radikalen Schnitt zu wagen. Die Skipisten kannte ich schon alle, jetzt bekam ich die Möglichkeit, andere Städte und Länder und interessante Menschen aus mir unbekannten Bereichen kennenzulernen.

In all den Jahren, in denen ich von meinem Vater erzogen wurde, hatte er mich nie zu etwas gezwungen, schon gar nicht zum Skifahren. Stand ich vor einer Entscheidung, sagte er nur: »Mach es nur, wenn es dir gefällt. Denk immer daran, dass du mit jeder Erfahrung auch etwas Neues lernst.« Diese Einstellung half mir in vielen Lebensbereichen, bei Fehlern oder Niederlagen sah ich stets auch die positiven Seiten. In diesem neuen Lebensabschnitt wurde ich jedoch mit Problemen konfrontiert, von denen weder mein Vater noch ich eine Ahnung hatten. Ich weiß nicht, wie viele Manager und Vermarktungsagenturen Schlange standen. Ich weiß nur, dass überall auf der Welt unkontrolliert und unerlaubt mit meinem Namen geworben wurde und dass es höchste Zeit war, diese Probleme in den Griff zu bekommen. Ich gab also mein behütetes Sportlerleben auf und entschied mich für die bis heute größte und bekannteste Vermarktungsagentur IMG, International Management Group, bei der Sportler wie Arnold Palmer, Jackie Stewart oder Björn Borg unter Vertrag waren. IMG war weltweit vertreten und wollte mich auch in Deutschland so vermarkten, wie es bisher für keinen Amateursportler möglich gewesen war. Es ging um den Aufbau einer langfristigen Werbestrategie mit internationalen Partnern und Agenturen. Sehr schnell stoppte die Agentur den Wildwuchs der Werbung und ich entdeckte mein Konterfei nicht mehr auf Kopfkissen, Schnapsgläsern oder Bierdeckeln. Zu meinem Glück hatte ich Christian an meiner Seite. Er führte die Verhandlungen und vertrat IMG auch in Deutschland, wenn es um Kontakte und Konzepte ging.

Kurz nachdem ich den IMG-Vertrag unterschrieben hatte, wurde am Starnberger See eine Pressekonferenz abgehalten, auf der ich meinen Rücktritt vom Rennsport bekannt gab. In meiner Ansprache erklärte ich, dass nun für mich ein neuer Lebensabschnitt beginne und dass ich nun »Geschäftsfrau« sei. Ich erschrak selbst über dieses Wort in meinem Mund, denn Geschäftsfrau war nie mein Lebensziel gewesen und streng genommen bin ich es auch nie geworden. Dafür hatte ich Christian und mit ihm zusammen würde es schon gutgehen.

Durch IMG wurden viele Verträge geschlossen, vornehmlich mit Firmen aus dem Sportbereich, die weltweit operierten und einen Bezug zum Skisport hatten. Wir entwickelten eigene Bekleidungskollektionen, kreierten ein eigenes Logo und ich genoss es, meine Erfahrungen aus dem aktiven Sport mit einzubringen und aktiv Einfluss nehmen zu können.

Nur einen einzigen, wirklich lukrativen Vertrag habe ich bis heute gebrochen. Es ging um Werbung für Deo-Sprays. Als ich mich mit einer dieser werbespezifischen Anzeigen in Warenhäusern und Kaufhäusern neben Gemüsekisten und Salatbars entdeckte, bat ich um Auflösung und zahlte gerne die damit verbundene Vertragsstrafe.

Eine meiner liebsten Promotionstouren ermöglichte mir der spätere Präsident des Zentralrats der Juden, Dr. Paul Spiegel. Er war 1976 für Werbemaßnahmen der Sparkassen in Deutschland zuständig und wir verabredeten eine Autogrammtour durch Deutschland. Beim ersten Termin war ein derartiger Ansturm, dass die Polizei einschreiten musste. Autogramme zu schreiben war völlig unmöglich und daher entschied Dr. Spiegel kurzer-

hand, lieber kurzstielige Rosen als Give-away zu verteilen. Für die Sparkassen wurde das zwar teurer, aber durch diese »rosige Aktion« konnte mein Name nicht besser präsentiert werden.
Durch das Skifahren war ich viel unterwegs gewesen, nach 1976 stieg die Zahl meiner Reisen drastisch an. Ich konnte es selbst gar nicht glauben, aber 1977 war ich 330 Tage unterwegs. Von einem Termin zum anderen, von einem Flugzeug ins andere. Und was hinzukam: Ich musste selbst schauen, dass ich den Flieger erwischte. Kein Trainer weckte mich auf, keine Betreuerin kam mit einer Thermoskanne oder massierte mich. Mein Terminkalender wurde zwar optimal organisiert, aber ich konnte und wollte es mir nicht leisten, Termine durch eigene Schuld platzen zu lassen oder Menschen zu enttäuschen. Diese Einstellung hatte ich aus dem Sport mit in mein neues Leben genommen. Je stressiger die Termine wurden und je härter ich arbeiten musste, desto mehr habe ich mir gedacht: »Rosi, nicht aufgeben, das hältst du durch! Denk dran, wie gut es dir eigentlich geht!«
Meist bekam ich bei Promotionsterminen wunderschöne Blumensträuße geschenkt, die ich gerne an sympathische Menschen weiterverschenkte. Wenn möglich, brachte ich auch einen Strauß mit nach Hause auf die Winklmoos. Ich erinnere mich an eine Begebenheit 1978, die mich sehr zum Nachdenken brachte. Ich hatte meiner Mutter an einem Abend einen Traumstrauß mitgebracht, musste jedoch am nächsten Tag nach Las Vegas zur »Snow«, der größten Sportartikelmesse in Nordamerika. Nach zwei Tagen Las Vegas schloss sich noch ein Pressetermin in San Francisco und noch einer in New York an. Nach sieben Tagen kam ich wieder auf die Winklmoos und der Blumenstrauß stand noch frisch im Wohnzimmer, als wäre ich gar nicht fort gewesen. So raste die Zeit dahin, ohne dass ich bewusst wahrnehmen konnte, was eigentlich mit mir und um mich herum geschah. Da wurde mir schon klar, dass ich dieses Leben nur für eine beschränkte Zeit führen wollte.

Es klang schon an. Speziell die Auslandsreisen waren extrem vollgepackt mit Terminen. Meine Vertragspartner versuchten zudem, möglichst viele Aktivitäten in die vertraglich zugesicherten Pflichttage einzubauen. So reiste ich drei Tage an der Ostküste der USA mit Auto und Flugzeug durch das Land, besuchte Sportgeschäfte, Kaufhäuser, TV-Stationen oder Zeitungsredaktionen. Geschäftsessen schlossen sich meist am Abend an, was für mich eine zusätzliche Anstrengung bedeutete, da mein Englisch nicht so gut war. Ich glaube, ich sprach ungefähr so Englisch wie Giovanni Trapattoni Deutsch, denn den Amerikanern gefiel es und sie rechneten mir meine Versuche hoch an. Glück hatte ich, dass mich auch sehr viele Deutsche, die in Amerika lebten, besuchten. Sie erzählten mir ihre Lebensgeschichte und wollten wissen, wie es in »Old Germany« so gehe. Dann konnte ich wenigstens wieder Deutsch sprechen und alte Erinnerungen dieser Menschen auffrischen. Abends fiel ich meist todmüde ins Bett, doch am nächsten Tag ging es in der Früh schon wieder weiter und es hieß frisch und fröhlich zu sein. Nach drei solchen Tagen waren meine Betreuer fix und fertig und froh, als ich wieder ins Flugzeug stieg, um in den Westen von Amerika zu fliegen. Dort war eine ähnliche Tour geplant und im gleichen Stil brachte ich die nächsten Vertreter an den Rand ihrer Leistungsfähigkeit. An einem der letzten Tage hatte ich einen Auftritt im American Football Stadion in Seattle. Es spielten die Seattle Seahawks gegen die Chicago Bears. Als ich das Stadion betrat, musste ich die Luft anhalten. Noch nie zuvor hatte ich so ein großes Stadion mit so vielen Menschen gesehen. Zwei gigantische Leinwände waren an den Gegengeraden angebracht und ich traute meinen Augen nicht, als ich mich selbst sah, live! Eine Kamera hatte mich im Visier und jeder Schritt wurde übertragen. Das war umwerfend. Ich hatte so etwas in Europa noch nie erlebt. Ein Offizieller mit einem Mikrofon kam auf mich zu und ich dachte nur eins: Rosi, da musst du jetzt durch. Der Mann mit dem

Ich beglückwünsche Christian zum Sieg in Kitzbühel (1979)

Mikrofon folgte mir bis zur Tribüne, man stellte mich dem Publikum vor und die Zuschauer jubelten. Dann kam die erste Frage: »For which team are you routing for?« Gute Frage, dachte ich, sie war jedoch leider für mich nicht zu beantworten. Ich wusste nicht einmal, welche Mannschaften spielten, geschweige denn, für wen ich die Daumen halten sollte. Keiner hatte mich gebrieft. Ich musste vor den zigtausend Menschen einen Ausweg finden. In meiner Verlegenheit antwortete ich als gute Deutsche: »I'm for soccerplayers.« Ein Raunen ging durch das Stadion! Ich dachte, ich sei erledigt. Doch dem war nicht so. Für »soccerplayers« zu sein war völlig okay! Franz Beckenbauer spielte seit dieser Saison bei Cosmos New York, und dieser Fußballer war jedem der anwesenden Zuschauer ein Begriff. Für den durfte

man sein, besonders als Deutsche. Abends stand dann von den »Seattle Seahawks« ein besonders schöner Blumenstrauß auf meinem Hotelzimmer als Dank für meinen Besuch.
Am Ende der Tour fragte mich einer der West-Vertreter: »Wir hängen in den Seilen, warum sind Sie nicht erschöpft? Wie kann es sein, dass Sie überhaupt nicht müde werden?« Mein Geheimnis: Ich konnte auch »im Stehen« schlafen und sobald ich ein Flugzeug bestieg, das uns von einer amerikanischen Stadt in die nächste brachte, entspannte ich mich – und schlief innerhalb kürzester Zeit ein.
Es gab in dieser Zeit auch schwierige Momente. Im Sommer weniger als im Winter. Aber wenn die Rennsaison begann und ich wusste, dass Evi und Christian unterwegs waren. Dann wollte ich am liebsten überall dabei sein, saß jedoch meist allein in einem Hotelzimmer in Hannover oder sonst wo und konnte nur aus der Ferne die Daumen drücken. Handys waren damals noch nicht erfunden und wenn ich keinen aus der Familie erreichte, blieb nur das Daumendrücken.
Für Evi begann nach meinem Rücktritt die beste Zeit ihrer Karriere. Endlich blieb sie verletzungsfrei und konnte ihr ganzes Potenzial ausspielen. 1978 gewann sie ihren zweiten Abfahrtsklassiker in Bad Gastein. Doch Ironie des Schicksals: An diesem Wochenende streikten alle Druckereien in Deutschland, keine Zeitung erschien und dieser Sieg bei einer der schwierigsten Abfahrten überhaupt wurde von der Öffentlichkeit nicht wahrgenommen. Dieser Erfolg von meiner Schwester bedeutete mir sehr viel, es war, als wäre ich selbst gefahren. 1980 nach den Olympischen Spielen in Lake Placid beendete Evi ihre Laufbahn. Sie war über Jahre die beste deutsche Abfahrerin gewesen und hatte es dabei zehnmal aufs Podest geschafft. Auch sie denkt trotz ihrer vielen Verletzungen mit Dankbarkeit an diese unvergleichliche Jugendzeit zurück.

J Jil und Manolo

Diese Geschichte kann nur Christian erzählen, das überlasse ich ihm gern:
Es ist das Jahr 2001. Rosi und ich fliegen nach Berlin. Dort, im noblen Hotel Adlon am Brandenburger Tor, soll sie von dem damaligen Bundesinnenminister Otto Schily und einstigen ZDF-Intendanten Dieter Stolte die »Goldene Sportpyramide« überreicht bekommen, den schönsten und höchsten Preis, den die Sporthilfe zu vergeben hat. Zu der Benefizgala sind rund 350 Leute aus der Welt der Wirtschaft und des Sports gebeten. Auf der Einladungskarte steht Abendkleid, dunkler Anzug/Smoking.
Beginnen sollte die Veranstaltung um 20 Uhr, ab 18 Uhr 30 Stehempfang.
So um 17 Uhr liege ich auf dem Bett unseres Hotelzimmers. Es ist Freitagabend, ich schaue Sport im TV. Im Schrank hängt mein Smoking, ich weiß, in zehn Minuten bin ich angezogen.
Rosi, so schießt es mir plötzlich während des Fußballspiels durch den Kopf, müsste sich doch allmählich für den Abend fertig

machen. Immerhin ist sie die Preisträgerin. Seelenruhig sitzt sie jedoch auf ihrem Bett und liest.
Dann fragt sie: »Du, was findet heute Abend eigentlich genau statt?«
Ich sage: »Du bekommst die Goldene Sportpyramide von unserem Innenminister Otto Schily überreicht, und denk daran, du musst eine Dankesrede halten.«
Rosi liest weiter.
Ich frage: »Was ziehst du denn an?«
Sie: »Ach, ich habe da meine schwarze Lieblingshose und von der Ameli was dabei! Das kann man super kombinieren.«
Sie legt ihre Zeitung aufs Bett, steht auf, holt aus dem Kleiderschrank eine schwarze Hose; die kenne ich, seit wir verheiratet sind. Sie zieht sie an, dazu eine Bluse, die eher an einen Wühltisch bei Woolworth erinnert, und fängt das Kombinieren an: mehrere Blusen, auch die von der Reise, T-Shirt, Polo, Socken, auch ein Blazer: Alles ist kombinierbar und eigentlich findet Rosi alles wunderbar und passend zum Anlass.
Ich: »Rosi, so kannst du unmöglich heute Abend den Preis in Empfang nehmen. Weißt du denn nicht, in welchem Rahmen das stattfindet?«
Sie: »Warum, das passt doch.«
Ich: »Rosi, das geht nicht!«
Sie: »Ich finde es sehr schön, ich mag nicht so aufg'schwanzt daherkommen.«
Ich: »Was hast du denn noch dabei? Nur die schwarze Hose, die glänzt vorn schon. Was ist mit den Schuhen?«
Rosi zeigt mir ein Paar.
Ich: »Die? Die sind uralt und nicht einmal geputzt. Sollen die schwarz sein? Damit hast du bestimmt gestern noch gegartelt!«
Sie: »Spinnst du, ich nehme doch keine Gartenschuhe mit!«
Ich: »So sehen die aber aus. Glaub mir, das sind keine Schuhe für so einen Abend!«

Andere Frauen wären in einer solchen Situation wahrscheinlich verzweifelt oder in Panik verfallen, nicht jedoch die »Meine«. Immer noch entspannt blickt sie mich an: »Ich habe nichts anderes dabei, also muss es auch so gehen!«
Es ging nicht so! Ein scharfer bayrischer Ehewind pfiff durchs edle Adlon, ich packte meine Rosi und zog sie zum Lift. Auf dem Weg nach unten trafen wir den früheren Eisschnellläufer und Olympiasieger Erhard Keller im schicken Smoking und seine Frau im eleganten Rosa. Sie waren auf dem Weg zum Cocktailempfang. Sie schauten uns etwas verwundert an, in unseren Straßenklamotten, und ich murmelte etwas von »vergessen«.
Rein ins Taxi mit der Ansage: »Bitte fahren Sie uns irgendwohin, wo man gut einkaufen kann, aber es darf nicht weit sein, wir haben es eilig!«
Er fuhr uns zum Escada-Laden in der Friedrichstraße. Die Verkäuferin schätzte uns beim ersten Blick und kurz vor Ladenschluss als schlechte Umsatzbringer falsch ein, war unfreundlich, Rosi war froh und wir verließen den Laden quer über die Straße rein ins La Fayette. Drei hastige Runden im ersten Obergeschoss durch die Damenabteilung brachten nichts wirklich Neues, Rosi wollte aber mindestens dreimal »zuschlagen«, weil sie reduzierte Artikel fand.
Ich: »Rosi, wir müssen woanders hin!«
Sie: »Christian, du übertreibst, ich mag keinen Designerfummel!«
Endlich, beim x-ten Nachfragen landete ich einen Volltreffer bei einer Menschenkennerin, einem Engel, einer Männerversteherin. Sie schickte uns ins Quartier 106 (noch nie gehört, mein Blutdruck war bei 160) ins vierte Obergeschoss und um 18 Uhr 15 war die Rettung endlich in Sicht: Da hingen die Labels, da war ein sündhaft verständiger Profiverkäufer, der, wie beim Panikkauf am Heiligen Abend um 16 Uhr, die Rosi in einen schwarzen Hosenanzug von Jil Sander einhüllte. Sie sah umwerfend aus.

137

BAMBI-Verleihung: Ich stehe zwischen Peter Alexander und
Hans-Dietrich Genscher (1976)

Dazu brauchte sie natürlich noch Schuhe, Größe 38, ohne Absatz. Der Verführer brachte Malono Blahnik, vom spanischen Schuhdesigner, der mit seinen Stilettos in der Fernsehserie »Sex in the City« Furore gemacht hatte. Den Preis deckte ich mit dem Finger zu, sonst wäre trotz Höchststress gar nichts gegangen. Es waren und wurden die bis heute teuersten Schuhe in Rosis Leben. Später wollte sie die Schuhe, sie kannte ja den Preis nicht, in eine karitative Sammlung geben, zeigte sie jedoch zuvor noch Ameli: »Was, du hast Schuhe von Manolo Blahnik? Die sind ja der Hammer!« Und was sagte Rosi: »Ach, da hätten sich andere sicher doch auch gefreut.« Die Schuhe blieben also bei Rosi und sie trägt sie noch heute.
Zurück ins Quartier 106. Zum Schluss zauberte der Profi noch eine riesige rote Stoffrose ans Revers, die so viel kostete wie normalerweise ein Anzug, aber Rosi sah umwerfend aus.

Die Geschichte ist noch nicht zu Ende. Die Kreditkarte packte gerade noch die Rechnung, aber die Hose musste noch gekürzt werden. Irgendwoher um 19 Uhr 15 wurde dann noch ein Schneider herbeigezaubert, der für die Änderung dreißig Minuten plus Aufpreis veranschlagte: »19 Uhr 45 hier am Ausgang!« Wir setzten uns also ins Taxi, fuhren zurück ins Adlon, beim Seiteneingang hinein, weil vorn am roten Teppich alle Fotografen auf die Preisträgerin warteten. Rauf ins Zimmer, rein in den Smoking, Rosi rein in die Anzugjacke, Schminkutensilien in die Handtasche. Raus aus dem Zimmer, raus aus dem Seiteneingang, rein ins Taxi! Erster Durchgang Make-up im Taxi und hin zum Quartier 106. Läuten, der Laden war schon geschlossen, der Pförtner kam mit der Hose zur Tür. Zurück ins wartende Taxi. Der Taxifahrer wurde gebeten, nur nach vorn zu schauen, und Rosi zog sich am Rücksitz die gekürzte Hose an. Nebenbei zweiter Durchgang Make-up, auch im Taxi: Es war 19 Uhr 55! Hosenknopf zu, Türe auf, fünfundfünfzig Fotografen erwarteten Rosi mit Blitzlichtgewitter. Sie sah sensationell aus, die Ruhe und Ausgeglichenheit in Person ... und einfach ein Wunder!

K Kaiserschnitt oder nicht?

Schon als kleines Mädchen träumte ich von einer großen Familie. Vater, Mutter, Kind – unendliche Male spielte ich mit meinen Schwestern »Familie«. Wir kochten Suppe aus Gras und gingen in unserem kleinen Kramerladen aus Holz einkaufen. Ich war fast dreißig, als ich Anfang Juni 1980 heiratete. Dreißig, das klang nach einem guten Alter. Zuvor hätte ich gar keine Zeit zum Heiraten gehabt und vor allem hätte ich kaum die Muße gefunden, mich auf diesen neuen und entscheidenden Lebensabschnitt einzustellen. Vier Jahre lang war ich nun nach 1976 als Globetrotterin rund um den Erdball gejettet, Christian war im gleichen Stil als Rennläufer unterwegs, es wurde also höchste Zeit, ihn davon zu überzeugen, dass Rennenfahren zeitlich begrenzt ist und nun der wichtigste Abschnitt im Leben mit der Hochzeit eingeläutet werden sollte.

Kinder waren der größte Wunsch und es ging zum großen Glück sehr schnell, denn Ameli kam gut zwölf Monate später zur Welt, am 15. Juni 1981. Ich brachte sie – und drei Jahre später auch Felix – im Klinikum München-Pasing zur Welt, weil dort ein Stu-

dienfreund von Christians Vater tätig war, Professor Fritz Zimmer. Durch ihn konnte ich inkognito im Krankenhaus aufgenommen werden und die Kinder abgeschirmt von den Medien zur Welt bringen. Das Interesse der Presse war immens, ein erstes Foto von dem Baby und mir zu bekommen – mein Interesse war ein anderes.
Es war ein sonniger Montag, an dem unsere Tochter entbunden wurde. Am Sonntag hatte ich noch zu Hause bei Professor Zimmer übernachtet, und als ich am Montagmorgen aufwachte, sagte er: »Du Rosi, heute pack' mas!«
Ich antwortete: »Super, endlich!«
Professor Zimmer nahm mich mit in die Klinik. Während der Fahrt meinte er: »Der Montag ist ein guter Tag, da haben wir volle Besetzung.« Besser konnte es nicht sein!
Ich vertraute ihm völlig, zumal er sich schon während der Schwangerschaft als ideal für mich herausgestellt hatte. Als ich ihn fragte, ob ich zur Schwangerschaftsgymnastik müsste, beruhigte er mich und meinte, das würde ich auch so hinbekommen. Natürlich wusste ich, dass Geburten für Sportlerinnen nicht leicht sind, da die Beckenmuskulatur sehr fest und stark ist. Was das aber wirklich bedeutet, hätte ich mir nie träumen lassen. Es begann ein langer Kampf, denn Ameli wollte partout nicht die Anstrengung auf sich nehmen, sich Richtung Welt zu bewegen, deshalb schloss man mich schließlich an einen Wehentropf an und schob mich in den Kreißsaal.
Christian war über Nacht wegen einer Charity-Veranstaltung bei einem Kinderfest in Bad Hersfeld gewesen. Er war aber ständig informiert und machte sich im Eiltempo auf den Weg zu mir nach Pasing.

Auf geht's zum Oktoberfest (1987)!

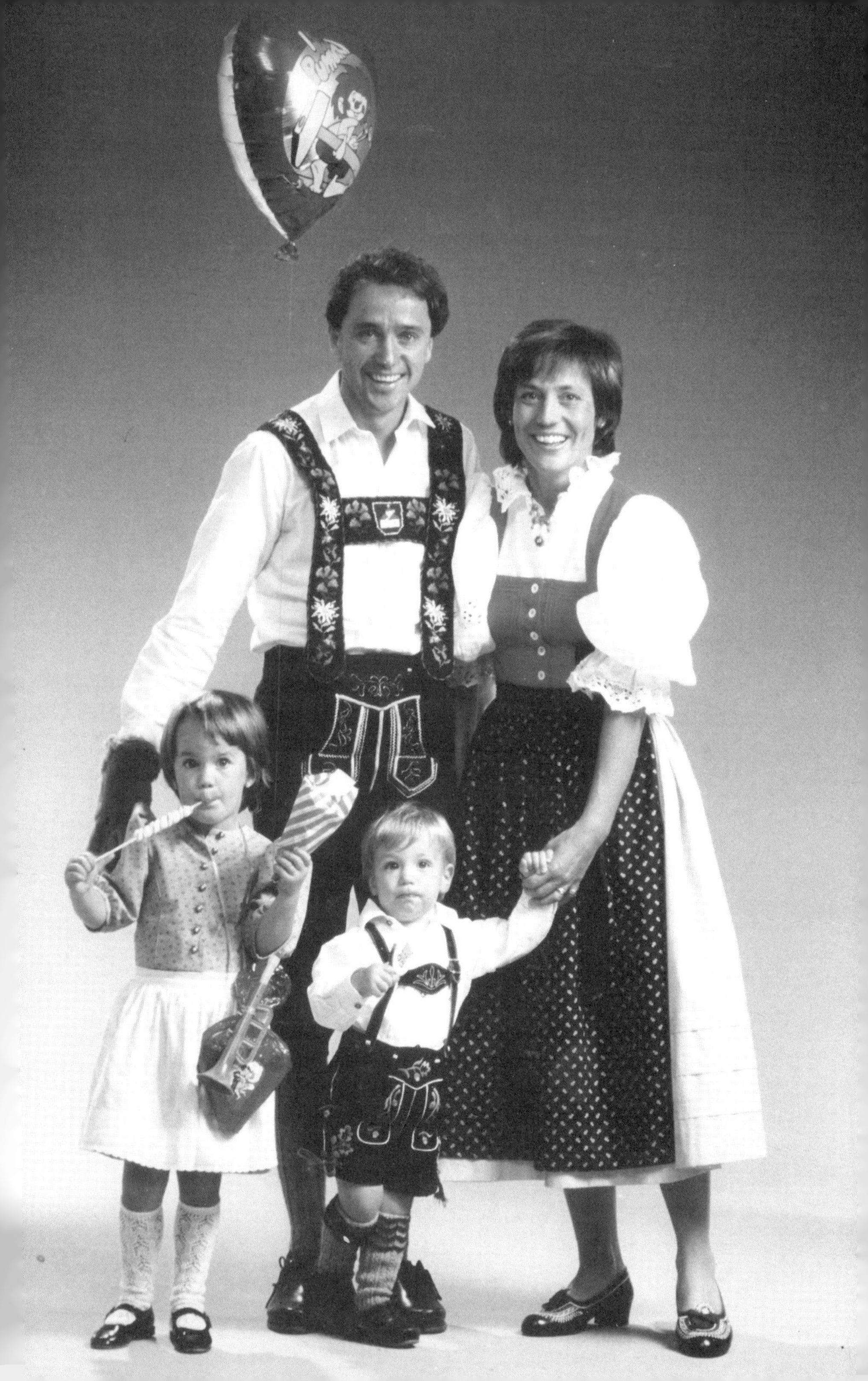

Die Hebamme kam zu mir: »Soll ich Ihnen etwas zum Lesen bringen?«
Entsetzt schaute ich die Frau an. »Was? Sie wollen mir was zum Lesen bringen? Wie lange dauert das denn noch?« Im Kreißsaal nebenan lag eine Schwangere, bei der ich, zumindest in meiner Wahrnehmung, schon nach zehn Minuten ein »Bäh-Bäh« hörte. »Sie müssen einfach ein bisschen Geduld haben«, antwortete die Hebamme. Ich seufzte. Okay, ändern konnte ich eh nichts an der Situation, aber eine Zeitung lesen wollte ich auch nicht. Also wartete ich, indem ich meinem Baby gut zuredete, doch endlich mal auf die Welt zu kommen. Meine Gedanken waren ganz bei dem Ungeborenen: Würde es ein Bub oder ein Mädel, würde es der Christian noch rechtzeitig schaffen, zu mir zu kommen? Schließlich setzten die ersten schwachen Wehen ein. Um mich abzulenken, kreiste ich liegend mit den Füßen und Armen wie beim Warm-up vor einem Rennen.

K »Wollen Sie noch jemanden anrufen?«, fragte mich eine Schwester. Vielleicht sagte sie das, weil Christian immer noch nicht im Klinikum eingetroffen war. Ich rief meine Mutter an, es war inzwischen Nachmittag: »Mutti, ich befinde mich im Kreißsaal, aber bislang machen sie keinen großen Aufstand mit mir, es wird wohl noch eine Weile dauern.« Sie beruhigte mich, redete mir gut zu und sagte, alles würde ohne Probleme verlaufen. Doch dann begannen die Wehen. Chefarzt, Hebamme, Oberarzt, Schwestern, ich glaube, das gesamte Personal des Krankenhauses turnte auf meinem Bauch herum und versuchte, das Baby ans Licht der Welt zu bringen. Ich hätte mir nie träumen lassen, dass man mit solch einer muskulären Kraft auf dem Bauch einer Schwangeren rumturnen könnte. Doch Ameli war ein Sturkopf, sie blieb, wo sie war. Es gab keine Chance und Fritz Zimmer entschied: »Rosi, es geht nicht anders, jetzt holen wir dein Kind mit Kaiserschnitt.« Genau in diesem Augenblick läutete die Klingel zum Kreißsaal – eine Fügung. Christian war endlich da. Er bekam einen grünen

Arztkittel, begrüßte mich, und Professor Zimmer meinte: »Ja, dann probier'n wir's halt noch einmal.« Ich erinnere mich gut, Oberarzt und Christian drückten gemeinsam, Christian feuerte mich an wie früher meine Trainer bei einem Weltcuprennen: »Rosi, du schaffst das, du musst pressen, du bist super, nicht aufgeben, sei stark!«
Und tatsächlich, wie im späteren Leben hörte Ameli den Vater und entschied sich, der Stimme dieses Mannes zu folgen und endlich nachzusehen, wer denn ihre Eltern seien und wie die aussehen.
48 cm und 3600 Gramm. Ameli war das süßeste Baby der Welt, Christian der stolzeste Vater der Welt und ich die glücklichste Mutter, als ich den eigenen Mann mit der Tochter am Arm an meinem Bett stehen sah.
Noch im Kreißsaal wurde auf die Geburt mit Sekt angestoßen und auch Ameli bekam nach nur wenigen Minuten ihres Lebens den ersten Tropfen Sekt auf dem Finger unseres Freundes und Arztes Fritz Zimmer.
Fast drei Jahre danach war es wieder so weit: 55 cm und 4000 Gramm, Felix wollte geboren werden. Da alles bei ihm immer schnell gehen muss, kam er zu früh und das ergab ein richtiges Problem, denn Christian war in Kanada. Im Jahr davor hatten wir beide bei Mike Wiegele in Blue River die Tiefschneeweltmeisterschaften gewonnen. Der erste Preis war eine erneute Einladung zu diesem Tiefschneehighlight im Jahr darauf. Da ich hochschwanger war, erfüllte ich meiner Schwester Evi den größten Wunsch und schickte sie als Teammember an meiner Stelle mit Christian in die Rocky Mountains. Zum eigentlichen Geburtstermin sollten sie wieder zurück sein. Doch, wie gesagt, Felix hatte es eilig. Christian konnte nicht so schnell über den großen Teich und ohne ihn wurde Felix mit Kaiserschnitt auf die Welt gebracht. Natürlich telefonierte ich sofort mit Kanada, erreichte in der Heli-Lodge allerdings nur die Funkzentrale, der ich die glückliche Geburt meldete. In Deutschland war es Abend,

K

in Kanada war es kurz vor Mittag und so bekam Christian per Funk im Helikopter die Nachricht, dass er Vater geworden sei und Mutter und Kind wohlauf seien. Die anschließende Skiabfahrt bei herrlichstem Sonnenschein im unberührten Tiefschnee wurde zu Christians schönstem Skierlebnis und er schwärmt noch heute, dass man gar nicht besser Vater werden könne. Legenden berichten, dass am Abend in der kanadischen Hütte die Alkoholvorräte zu Ende gingen.

Die Probleme hätte ich auch gerne gehabt! Ich hatte zwar einen kleinen Buben, der zum Fressen süß neben mir lag, aber ich hatte keinen Namen. Christian rief zwar ständig aus Kanada an und kam mir mit Namensvorschlägen wie: Tim, Kevin, Jim, Joe – der war total durchgeknallt vor lauter Kanada. Die Schwestern im Krankenhaus kannten meine Nöte und brachten mir ein Buch mit sämtlichen Vornamen. Ich schaute auf mein friedlich schlafendes Baby und wusste, wie er heißen sollte: Felix, der Glückliche. »Wenn du ihn siehst«, sagte ich zu Christian, »dann weißt du, dass der Name passt.« Seine Antwort: »Felix klingt wunderbar!«

Kirche

Ich bin katholisch getauft und im christlichen Glauben erzogen worden. Mutter und Vater waren katholisch, aber dort, wo Heidi, Evi und ich aufwuchsen, auf der Winklmoosalm, war die übliche Integration in die kirchlichen Jahresabläufe nicht möglich und meine Eltern nahmen es nicht so genau mit kirchlichen Ritualen. Wir wurden nach christlichen Werten erzogen, Pomp und Show lagen meinem Vater nicht. Den Religionsunterricht der Schule mit seinen erzieherischen Formen und Feiern nahmen wir zwar wahr, es wurde jedoch nie ein besonderes Aufhebens

Balkongeflüster mit Mutti und Vati (1979)

darum gemacht. Der sonntägliche Kirchgang wurde bei uns eher durch Arbeit in der Gaststätte ersetzt oder fand in der Natur statt. Wenn wir auf einem Berggipfel standen und ins Tal blicken konnten, meinte mein Vater: »Schaut's in die Natur, schaut's auf jede Blume und jedes kleine Wesen, die muss man schützen. Alles ist ein Wunder, alles kommt von irgendwoher und muss bewahrt und bewundert werden. Dies alles kommt von unserem Herrgott. Den finde ich hier oben eher als unten im Tal bei den Menschen.« Er strahlte dabei eine innere Ruhe und Sicherheit aus, die ansteckend wirkte und uns Kindern Sicherheit gab.
Auch unsere Mutter war so ein ruhender Pol. Vielleicht waren es die Kriegserlebnisse mit Vaters Russlandfeldzug und der ständi-

gen Ungewissheit, ob und wie man überleben würde, die sie auf ihre ganz eigene Art Gott nahebrachte. Diese Erfahrungen prägten meine Eltern und ließen in ihnen den Willen wachsen, etwas davon an die Schüler und Studenten auf unserer Hütte weiterzugeben. Sie brauchten keinen Sonntagsanzug und keine Liturgie, sie brauchten keine pompöse Kirche. Ihre Mitteilungen und Gebete fanden im schönsten Gotteshaus, der Natur, statt. Dieses Urvertrauen in eine höhere Macht strahlte auf alle aus, die ihnen begegneten.

Der Glaube, den man uns Kindern vermittelte, war kein institutioneller Glaube. Im Gegenteil, mein Vater sagte selbst: »Man muss kein Kirchgänger sein und jeden Sonntag in die Kirche gehen, um zu zeigen, dass man ein gläubiger Mensch ist. Auf das Handeln kommt es an. Achtet auf die kleinen Freuden des Lebens, vergesst die Eitelkeit der Menschen, dann werdet ihr zufrieden sein.« So lebte er selbst bis zu seinem 97. Lebensjahr, mit sich im Reinen, in Ruhe und Zufriedenheit, und konnte auf ein glückliches Leben zurückblicken.

Als ich bei den Schlechters im Dorf wohnte, besuchte ich regelmäßig die Gottesdienste. Es war die Zeit vor der heiligen Kommunion und ich wurde erstmals mit »Strafe, Sühne und Beichte« konfrontiert. Ich stellte zwar täglich irgendetwas an und bekam auch mal einen »Wischer« über die Backe, aber derartigen erzieherischen Druck kannte ich bislang nicht. Jetzt sollte ich einem fremden Menschen etwas von mir anvertrauen, das den überhaupt nichts anging. Außerdem fiel mir nichts Sündhaftes ein. Was sollte ich also dem Pfarrer beichten? In der Not nahm ich das Naheliegendste und Einfachste: »Ich habe meine Schwester geärgert, ich habe meiner Mutter nicht gehorcht usw.« Noch heute schaudert mich, wenn ich an den damaligen Beichtgang denke, an diese dunkle enge Kammer mit dem kleinen Sprechloch!

Nach der Beichte fiel mir ein, dass ich tatsächlich einmal einen Kaugummi in einem Geschäft »stibitzt« hatte, und erschrak, weil

ich jetzt wahrscheinlich nicht in den Himmel kommen würde. Ich wandte mich an meine Eltern, die mir bedeuteten: »Rosi, denk dir nichts. Natürlich darfst du nichts stehlen. Stell dir mal vor, jeder täte das. Jetzt weißt du das und machst es nicht mehr. Zum Beichten brauchst du nicht mehr gehen.«
Später bei unseren Kindern erlebte ich einen anderen, modernen und positiven Religionsunterricht – kindgerecht und ohne Androhung von Strafe. Das Einbeziehen der Eltern als Gruppenleiter und die kirchliche Führung durch engagierte, zeitgemäße Pädagogen ließen mich einen ganz anderen Umgang mit christlichen Werten erleben. Ich lernte dabei wertvolle und engagierte Menschen kennen, die sich aus christlicher Überzeugung für andere einsetzen, ohne den Boden zur Realität zu verlieren. Sie sind wertvolle Lebensbegleiter und Vorbilder geworden, von denen ich weiß, dass sie mir und meiner Familie immer helfen werden, wenn wir sie brauchen.
Diese Nächstenliebe und dieses selbstlose Engagement erfuhren wir in vielen Bereichen unseres Umfeldes. Felix hatte in den beiden ersten Klassen in der Volksschule eine Nonne als Lehrerin: Schwester Immanuela. Sie war streng, sehr gerecht und hatte die Klasse optimal im Griff. Ihr Leben hatte sie selbstlos den Kindern und ihrer Berufung gewidmet. Generationen von Garmischern erinnern sich mit Hochachtung an diese Persönlichkeit. Auch Felix wurde von ihr für sein Leben geprägt. Wir haben den Kontakt nicht verloren, auch nicht, als sie von Garmisch ins Mutterhaus nach Würzburg zog. Wir schreiben uns regelmäßig und sie drückt Felix bei den Rennen immer die Daumen und schließt ihn und uns in ihre Gebete ein. Egal, ob bei Erfolgen oder Niederlagen, ihre Verbundenheit erzeugt Sicherheit und Stärke und zeigt uns, was wirklich wichtig ist. Ihre Worte und Gedanken stellen in unserer Familie ein wichtiges Regulativ zur übersteigerten Bedeutung von Hundertstel- und Zehntelsekunden dar. Gut, dass es solche Begleiter gibt, auch wenn selbst

Schwester Immanuela eher unchristlich zugibt, den Konkurrenten vom Felix beim Rennen »einige Zehntel« mehr zu wünschen. Ich bin mir sicher, dass ihr der Gott, an den ich glaube, das verzeihen wird.

Ein wertvoller Begleiter im Sport und auch im Leben war und ist unser Olympiapfarrer Heinz Summerer. Er hat für seine Gemeinde in München, für den deutschen Sport und für uns Sportler extrem viel geleistet und erreicht. Christian ist ja evangelisch und bei uns zu Hause wird kein großer Unterschied auf Konfessionen gelegt. Wir sind eine lebende Ökumene, ziehen uns gern mit den Absonderlichkeiten der jeweils anderen Religion auf, wissen aber, dass in den Grundlagen des Glaubens Einigkeit herrscht. Wir lieben Kirchenbesuche, bestaunen die Kunst und Kraft, die hinter diesen Institutionen steckt, bleiben jedoch skeptisch gegenüber unzeitgemäßen Dogmen und weltfremdem Zeitgeist.

Den erlebten wir bei Heinz Summerer nie. Mit ihm konnte man sich über alles unterhalten. Da gab es keine Tabus. Er war im Herzen Sportler, wusste um die Schwächen und Belastungen und verstand sie auch »ohne Beichte«. Bei den Olympischen Spielen 1980 in Lake Placid hielt er am Tag vor dem Slalom von Christian einen Gottesdienst. Als Schlusslied hatte er ein Stück mit dem Text »Shalom, Shalom« ausgesucht, was auf Hebräisch »Friede« heißt. Mit lauter Stimme sang Heinz mit seinem großen Skifahrerherz: »Slalom, Slalom«, und alle sangen nach. Im gleichen Jahr hat uns Heinz getraut, später die Kinder getauft und so unseren Slalom durchs Leben wesentlich geprägt.

Diese beschriebenen Menschen sind es, die uns und auch die Kinder in beiden Kirchen gehalten haben. Diese Menschen geben unserer Gesellschaft die Kraft, mit den Absurditäten unserer Zeit fertig zu werden. Sie sind der Kitt im menschlichen Zusammenleben und machen es möglich, dass »uns der Laden nicht um die Ohren fliegt«.

Besuch in der Küche des Olympischen Dorfes in Sapporo (1972)

Kochbücher

Christian würde sagen: »Wir besitzen an die 2376 Koch- und Backbücher.« Während ich eine Neigung zum Untertreiben habe, hat er eine zum Übertreiben. Aber es stimmt schon: Wir besitzen wirklich einige. Lückenlos stehen Alfons Schuhbecks gesammelte Werke im Regal. Ich mag ihn einfach, ein typischer Bayer mit einem großen Herz, viel Leidenschaft und einem unerschöpflichen Wissen übers Kochen. Für mich hat er die bayrische Küche neu definiert und kultiviert. Ich bin immer wieder sprachlos, welch großes Wissen alle unsere Topköche im Bereich »Ernährung« haben. Das sind reine Wissenschaftler.
Wenn ich Alfons Schuhbeck über seine Gewürze und Naturprodukte reden höre, muss ich an meine Großmutter denken: Sie

war auch so eine Naturkundlerin und wusste genau über die Wirkung und Zusammenhänge der Natur Bescheid. Von Arnika bis Zitronenmelisse waren ihr alle Heil- und Gewürzpflanzen geläufig, wurden von ihr gesammelt und verwendet. Zu ihrer Zeit waren diese Kenntnisse sicher noch weiter verbreitet, in den Zeiten des Wirtschaftswunders und der immer synthetischer werdenden Welt ist vieles Wertvolle verschüttet worden, was wir heute gerne wiederentdecken.

Bei uns hinter dem Haus haben wir uns ein »Kräutergarterl« angelegt. Ich liebe es, die eigenen unbehandelten Kräuter, das Gemüse oder Obst einzusammeln und zu verwenden.

Bei aller Sympathie für die genialen Köche unserer Zeit: Wirklich nachgekocht aus einem Kochbuch von ihnen habe ich noch nie. Das Kochen lernte ich von meiner Mutter, später wurde ich auf der Berufsschule zur Hotelfachfrau ausgebildet. Dadurch bekam ich einen Wissensgrundstock und Grundkenntnisse, die mir in jeder Küchensituation helfen.

K Nur bei einem einzigen Kochbuch mache ich eine Ausnahme: dem Bayrischen Kochbuch von Maria Hofmann und Helmut Lydtin. Christian und ich haben es zur Hochzeit geschenkt bekommen, ein Wälzer mit 1700 Rezepten, einfach ein unverzichtbares Standardwerk – sogar für mich.

Ich koche gern und freue mich, wenn viele Menschen bei uns am Tisch sitzen und es ihnen schmeckt. Trotzdem, hie und da kommen dennoch Fragen aus der Familienecke, ob ich nicht einmal die Küchenbibliothek bemühen könnte für einen krustigen Schweinsbraten à la Schuhbeck.

Ich antworte dann: »Warum? Meiner ist doch perfekt. Den hab ich so von der Oma g'lernt und er war bis zum Schluss Opas Lieblingsessen.«

Dann seufzen alle und wissen: Ja, der Opa, wenn er dem geschmeckt hat, dann haben alle Schuhbecks, Lafers, Winklers und Witzigmänner nichts mehr zu melden!

L Lebensmotto

Immer wieder aufstehen
Das Lebensmotto von Felix lautet: »Hinfallen ist keine Schande, nur liegen bleiben.« Wir freuen uns, dass er sich gerade diesen Leitspruch ausgesucht hat, weil er besonders gut zu einem Skifahrer passt. Eigentlich wünsche ich allen Menschen die Fähigkeit, sich nicht unterkriegen zu lassen. Niederlagen gehören zum Leben, aus ihnen lernt man mehr als aus allen Siegen. Ich bewundere nicht die Sieger, ich bewundere Menschen, die ihr Leben trotz Schicksalsschlägen meistern. Ich bewundere Menschen, die sich selbstlos für andere einsetzen. Ich versuche immer, Menschen aufzubauen, das Gute zu sehen und sie zum Weitermachen zu motivieren.

Nicht ohne Liebe
Um diese drei Worte geht es im Leben. Sie bewirken, dass ich mich auch so verhalte, dass ich niemanden verletze, dass ich an den anderen denke, dass ich Gutes tue. Und was ist Gutes tun? In erster Linie Liebe gegenüber unserer Schöpfung, gegenüber

Tieren, Pflanzen und Menschen zu empfinden. Liebe umfasst alles, auch meinen Fußboden. Ich stehe darauf, ich gehe darauf. Ich liebe ihn. Und wenn ich sehe, dass er schmutzig ist, schrubbe ich ihn und freue mich hinterher, dass er wieder sauber aussieht. Es stört mich keineswegs, dass er empfindlich ist und ich ihn mit Kernseife einreiben muss. Nichts ist pflegeleicht in dieser Welt, alles muss geschätzt und erhalten werden. Der Holzfußboden ist gewachsen, aus einem Baum ist ein Fußboden geworden. Für mich, für mein Leben. Das ist Liebe!

Dankbarkeit
Im März 2010 starb Fritz Wagnerberger. Er war eine der großen Figuren des deutschen Sports. Wie kein anderer übertrug er seine Begeisterung fürs Skifahren und für die Berge auf seine vielen ehrenamtlichen Tätigkeiten rund um den Leistungssport. Sein Weitblick und seine Klugheit waren einzigartig. Sein Idealismus und seine Bescheidenheit ebenso. Er brauchte keine Öffentlichkeit, sein Wort hatte auch so Gewicht. Wir Skisportler verdanken ihm am meisten, denn er war über viele Jahre »unser« Präsident. Nicht das Amt war ihm wichtig, sondern seine Leidenschaft für uns. Viel zu früh starb er an einem Krebsleiden. Er hat mir die Welt des Skisports mit eröffnet und mein Denken beeinflusst. Eigentlich ist es auch seine Schuld, dass ich Christian kennengelernt habe. All das schrieb ich in meinem Beileidsbrief an seine Frau. Auf seiner Traueranzeige stand ein Spruch aus der Bibel, Lukas 24, 13–35: »Viele Wege führen zu Gott. Einer geht über die Berge.« Damit traf Fritz mich und Christian mitten ins Herz.

Es gibt ein Lied von den Inntaler Sängern, das mich ebenfalls sehr bewegt: »Danken für jeden Tag«. Es spricht mir aus der Seele! Geschrieben hat es der »Bauer Konny« von den Inntaler Sängern. Es war bei vielen Volksmusiktreffen der Höhepunkt und das Schlusslied dieser unvergleichlichen Sänger. Nach diesem Lied gingen wir Zuhörer ergriffen nach Hause und waren uns wieder bewusst, worauf es wirklich im Leben ankommt. Dieses Lied wünsche ich mir bei meiner Beerdigung.

Danklied der »Inntaler Sänger«

Danken für an jeden Tag, der ins g'sund is g'schenkt.
Danken für a jede Freud, wo mas wohl bedenkt.
Bitten, dass du mit ins gehst
Heut und alle Zeit.
Bitten um an Seg'n von ob'n,
Bis in d' Ewigkeit.

Bitten, dass d' ins net verlasst,
Was a kemma mag
Weil von dir aloa kimmt d' Kraft
Für an jeden Tag.
Danken, dass ois umma geht
A de schiache Zeit,
Danken für a jede Gnad,
Bis in d' Ewigkeit.

Legendenrennen

Der griechische Held Achilles, Sohn eines menschlichen Vaters und seiner göttlichen Mutter Thetis, war sterblich. Um ihn unsterblich zu machen, tauchte man ihn in den Fluss, der die Oberwelt von der Unterwelt trennt. Die Stelle an der Ferse, an der Thetis Achilles mit der Hand festhielt, blieb jedoch vom Was-

Drei Freunde »blicken durch«: Christian, ich und Max Rieger (1972)

ser des Styx unbenetzt. Mit bekannten Folgen: Sie wurde zu seiner einzigen verwundbaren Stelle.

Im Laufe meines Skifahrerlebens hatte ich durch meine Unfälle erlebt, dass ich an vielen Stellen verwundbar war – das Winklmooser Wasser ist mit dem Wasser des Styx doch nicht vergleichbar – und leider auch an der Achillesferse.

Es passierte in Kitzbühel, 1994, beim Hahnenkamm-Rennen auf der berühmten Streif. Vor dem eigentlichen Renntag veranstalteten die Kitzbüheler ein Legendenrennen der Ehemaligen. Christian war als früherer Sieger ebenso eingeladen wie sein dicker Spezl Frank Wörndl, der Slalomweltmeister von 1987 in Crans Montana. Vor dem Rennen wollten die beiden noch an der

»Mausefalle« beim Abfahrtstraining zuschauen. Wir nahmen die Hahnenkammbahn, doch als es auf die abgesperrte Rennpiste ging, war mir das zu peinlich, sodass ich mich entschloss, lieber von außen zuzuschauen. Von dort hatte ich ebenfalls einen guten Überblick und ließ daher die Jungs allein auf die Rennstrecke. Zufällig traf ich einen weiteren ehemaligen Weltmeister, David Zwilling aus Österreich, der mich im unpräparierten Gelände nach unten mitnahm, wo man angeblich noch einen besseren Einblick hätte.
Wäre ich ihm nur nicht gefolgt. David achtete nicht groß auf mich, sondern federte locker zwischen Buckeln und Tiefschnee den Hang hinunter. Ich wollte mich nicht abhängen lassen und fuhr ihm nach. Auf einmal übersah ich eine Mulde und spitzelte mit vollem Tempo im Gegenhang ein. Ich stand innerhalb von Sekundenbruchteilen. Es gab einen kleinen Knall unten in meinem linken Bein und ich wusste, jetzt ist die Achillessehne ab.
»Rosi, ganz ruhig bleiben, setz dich erst mal hin.« David Zwilling war nicht mehr zu sehen, wahrscheinlich dachte er, ich sei immer noch hinter ihm. Ich sah drüben an der Rennstrecke die Trainer, Serviceleute und »Bergwachtler«, aber ich wollte auf keinen Fall rufen oder schreien, sonst hätte die versammelte Journalistenschar eine super Story gehabt, wenn man mich im Ackja auf der Rennstrecke abtransportiert hätte. Ich rappelte mich also auf und versuchte, auf einem Ski irgendwie nach unten zu kommen. Doch es war zu mühsam und ich hätte es nie geschafft.
Auf einmal, wie durch ein Wunder, kamen Rufe von der Rennstrecke: »He, Rosi, was ist los, fehlt dir was?« Trainer hatten mich zufällig entdeckt und wenig später kletterten Frank Wörndl und Christian über die Absperrungen und eilten zu mir.
»Ja, Rosi, was hast du denn angestellt, sollen wir die Bergwacht holen?«

»Nein, bloß keine Aufregung, mir geht's ganz gut«, antwortete ich. »Ich komme auf einem Ski runter. Nehmt ihr den anderen und dann los.«
»Kommt nicht in Frage, wir fahren dich runter«, riefen beide wie aus einem Mund. Hätte ich nur nicht eingewilligt! Jeder Ackja wäre mir lieber gewesen!
»Ich nehme sie«, rief Frank.
»Nein, ich fahre sie«, darauf Christian.
Es war ein richtiggehendes Gezerre um mich. Ich entschied mich für Frank, den »Jüngeren«. Er nahm mich »buckelkraxel« auf den Rücken und schon ging's dahin. Wir befanden uns auf der Familienabfahrt direkt neben der Rennstrecke, aber ich hatte das Gefühl, ich sei auf der Streif gestartet und solle eine Bestzeit hinlegen. Frank wollte Christian unbedingt zeigen, wie schnell man mit einer Person auf dem Rücken Ski fahren kann. Als Slalomfahrer bevorzugte er außerdem eine Zickzacktechnik, die für zusätzliche ruckartige Bewegungen sorgte. Ich hoffte inständig, dass er schnell müde würde, doch er überholte alle Skitouristen vor uns und dachte gar nicht daran, anzuhalten. Seine Oberschenkel müssen schon geglüht haben, als Christian neben ihn hinfuhr und rief: »Frank, gib sie mir!« Endlich gab's den ersehnten Partnerwechsel. Christian würde nicht so verrückt sein und Rücksicht auf seine Ehefrau nehmen. Denkste! Denn klar, jetzt musste Christian seinem »Franky« zeigen, was er draufhatte. Wieder Überholmanöver und Slalomschwünge, nur etwas schneller und unkoordinierter. Ich trommelte auf seine Schultern und schrie ihn an: »Langsamer!« Es half alles nichts, der Showdown ging weiter. Christian war Gott sei Dank bald »platt« und ich bettelte beim Absteigen, auf einem Ski allein fahren zu dürfen. Doch schon kam die Antwort: »Keine Widerrede, wir bringen dich sicher und schnell hinunter!«
Da saß ich also wieder auf dem Rücken von Frank und weiter ging's bergab. Ich hätte nie gedacht, dass die zwei das ohne Sturz

schaffen würden. So lag ich jedoch in Rekordzeit in einem Zimmer des Rasmus-Hof am Zielgelände, unser Freund und Mannschaftsarzt Dr. Burschi Münch untersuchte mich, packte mich gleich ins Auto und zwei Stunden später lag ich auf dem OP-Tisch in der Sana-Klinik in München. Für mich hießen die Sieger des Hahnenkamm-Rennens an diesem Tag Frank und Christian.

Christian wusste mich bei Dr. Münch gut versorgt. Er blieb in Kitzbühel und startete mit Frank beim Legendenrennen. Jedem mussten sie die »Rosi-Story« erzählen und nach einem langen und lustigen Abend glaubten die beiden wirklich, sie hätten mich über die berüchtigte »Hausbergkante und den steilen Zielhang Schuss ins Ziel gebracht«.

Am nächsten Tag kam Christian etwas zerzaust mit Zahnbürste und Kleidern zu mir in die Klinik. Doch ich hatte Glück, Burschi ließ mich knapp zwanzig Stunden nach der OP nach Hause fahren. Ich erhielt nur eine abnehmbare Gehhilfe und noch am gleichen Abend die erste Reha-Maßnahme, eine Lymphdrainage von meiner Freundin Traudl. Sieben Tage später konnte ich schon für drei Wochen zu den Olympischen Winterspielen nach Lillehammer fliegen. Unvorstellbar! Trotz der Verletzung und des Handicaps wurden es für uns wie für alle Teilnehmer und Zuschauer die schönsten Winterspiele der Geschichte. Wir erlebten die Herzlichkeit und Begeisterung der norwegischen Zuschauer, wir feierten die Goldmedaillen von Katja Seizinger, Markus Wasmeier und Jens Weißflog und ich spürte am eigenen Körper, wie wichtig ein guter Arzt und kurze Wege bei Olympia sind.

Leidenschaftliches Engagement

1998 und 1999 erfüllte sich für uns ein großer Wunsch. Endlich erreichten wir den Himalaya und konnten auf den Spuren von Christians Vorfahren wandeln. Die Christoffel-Blindenmission und RTL hatten uns als Botschafter für ein großes Hilfsprojekt nach Nepal gerufen. Wir landeten in Kathmandu und wohnten in dem historischen Bergsteigerhotel Yak & Yeti, von dem uns Christians Vater schon viel erzählt hatte. Wir machten einen Ausflug zum Mount Everest und verstanden, weshalb die Bergsteiger von der Majestät, den Farben und der Kultur dieser Berge so fasziniert sind. Der eigentliche und wichtigere Anlass aber galt dem Besuch der zweitgrößten Augenklinik der Welt, dem »Sagarmatha Choudary Eye Hospital« in Lahan. Das liegt im Osten Nepals an der Grenze zu Indien. Seit fast dreißig Jahren wird dieses »Hospital« von dem deutschen Arzt Dr. Albrecht Henning geleitet. Eigentlich wollte er die Augenarztpraxis seines Vaters in Berlin übernehmen, doch er entschied sich anders und schuf eine Augenklinik, die einzigartig auf der Welt ist. 85 000 Operationen, vor allem am Grauen Star, werden jährlich vorgenommen. Von weit her pilgern die Menschen dorthin, lassen sich untersuchen und werden behandelt. Täglich erlebt man das »Wunder«, dass Hunderte blind oder fast blind in das Hospital kommen und am nächsten Tag wieder sehend entlassen werden.
Es war abends, als wir im Krankenhaus in Lahan ankamen. Dr. Henning und seine liebenswerte Frau nahmen uns herzlichst auf und wir spürten vom ersten Augenblick an die warme Ausstrahlung, die von den beiden ausging. Am nächsten Morgen waren wir neugierig, was uns erwarten würde, und wollten unseren Augen nicht trauen: Hunderte von wartenden Indern und Nepali, Männer, Frauen und Kinder, Alte und Junge, standen am Eingangstor, ein unglaublicher Anblick, diese ewig langen Reihen dunkelhäutiger Menschen in ihren bunten Kleidern zu beob-

achten. Völlig ruhig und ohne jede Aggression standen sie da und warteten geduldig, bis sie an der Reihe waren. Die meisten konnten nicht einmal mehr ihre Finger vor dem Gesicht sehen. Tagelang waren sie zu Fuß, per Fahrrad oder in klapprigen Bussen unterwegs gewesen, meist in Begleitung von Angehörigen, da sie sich nur noch mit fremder Hilfe orientieren konnten. Die Nacht zuvor hatten sie im Freien verbracht, alle in der Hoffnung, dass ihnen hier geholfen würde.

In einem großen, langen Raum wurde operiert. Ein OP-Tisch stand neben einem anderen. Es waren einfache Pritschen auf hohen Beinen, über denen helles Licht angebracht war. Jeder Platz war belegt, auch Dr. Henning stand schon an einem solchen Tisch und setzte einem Patienten eine Linse ein. Junge Ärzte aus Indien und Nepal schauten ihm zu, denn sie wollten sein speziell entwickeltes Verfahren lernen, mit dem er innerhalb von zehn Minuten eine neue Linse einsetzen konnte. Dr. Henning war äußerst bemüht, möglichst viele einheimische Ärzte auszubilden, um nicht nur in Lahan, sondern über das Land verteilt Menschen mit Grauem Star helfen zu können.

Jeder frisch Operierte bekam eine Augenklappe. Mindestens eine Nacht musste er anschließend in der Klinik bleiben. Die Versorgung übernahmen die Angehörigen, die an zahlreichen Kochstellen das Essen zubereiteten. Am nächsten Tag wurde die Augenklappe entfernt und der Eingriff kontrolliert. Da fast alle Patienten weder lesen noch schreiben konnten, hatte man sich spezielle Tests ausgedacht, um die neue Sehfähigkeit zu untersuchen. So hielt man den Daumen nach oben, den Zeigefinger nach links, den Mittelfinger nach rechts. Konnte der frisch Operierte die Gesten mit seinen eigenen Fingern korrekt nachmachen, war alles in Ordnung und er wurde entlassen. Ganz besonders ging uns ans Herz, wenn wir Kinder entdeckten, die noch am Vortag geführt werden mussten und jetzt auf einmal eigenständig eine neue Welt entdeckten.

Das Leben von Dr. Henning und seiner Frau beeindruckte uns sehr. Ihre Kinder gingen zwar in die 450 Kilometer von Lahan entfernte internationale Schule in Kathmandu und studierten später in Amerika, doch sie selbst entsagten dem Luxus und Wohlstand und wurden in der kargen, einfachen Welt ihres Hospitals glücklich. »Wenn du am Tag einhundert bis zweihundert Leute operiert hast, bist du am Abend zwar kaputt, aber du hast das Gefühl, etwas Sinnvolles, Gutes getan zu haben«, erzählte Dr. Henning. »Diese Befriedigung hätte ich in Deutschland nie bekommen können.«

Einen Luxus leistete er sich allerdings: Hinter dem Haus legte er einen Tennisplatz an. »Aus Gesundheitsgründen«, wie er sagte. Nur das Netz stammt aus Deutschland, der Rest ist selbst gebaut. Als Einfassung dienen die breitblättrigen Äste von Bananenstauden, die keinen Ball durchlassen. Der Bodenbelag besteht aus einer Mischung von Kuhdung und Lehm. Dieses Material verwenden die Einheimischen auch zum Verputzen ihrer Wände. Die Anlage nennt er augenzwinkernd »Tennisclub Lahan«. Wir wussten von seiner Leidenschaft und hatten ihm Tennisbälle und einen neuen Tennisschläger mitgebracht. Extra für Christian hatte er den Platz mit dem Kuhdung neu auffrischen lassen. Am Abend spielten sie dann ihre Einzel oder Doppel mit den indischen Ärzten. Wenn Christian davon erzählt, sagt er immer: »In Nepal habe ich auf einem richtigen ›Scheiß-Platz‹ gespielt.«

Ich fühle mich mit Albrecht Henning und seiner Frau von Herzen verbunden. Ich glaube, ich könnte auch meine Heimat aufgeben, um anderen zu helfen und eine neue Bestimmung zu finden. Durch die Bindung an Christian und dessen Welt ist mir das nicht möglich. Das ist mir wichtiger als alles andere. Wäre ich allein, könnte ich mir so einen Schritt gut vorstellen.

Marmelade, selbst gemacht

Gekaufte Marmeladen gibt es bei uns nicht! Alle auf dem Tisch sind selbst gemacht. Dabei verwende ich niemals Gelierzucker, sondern nur normalen Zucker. Die Marmelade wird dadurch nicht so fest, schmeckt viel fruchtiger und behält den typischen Geschmack seines Obstes. Lieber zu flüssig als zu fest, also nie Verkochen, dann schmeckt Erdbeere nach Erdbeere und Aprikose nach Aprikose. Unsere Lieblingsmarmelade ist die berühmte Jo-Hi = Johannisbeeren und Himbeeren gemischt.
Dazu nehme ich zur Hälfte Himbeeren und zur Hälfte Rote Johannisbeeren, wobei jederzeit auch mehr Himbeeren oder Johannisbeeren genommen werden können.
Die Beeren fülle ich mit etwas abgewogenem Zucker in den Kochtopf und koche sie nur so lange, bis sie so flüssig sind, dass ich sie durch ein Sieb passieren kann. Dies muss bei uns sein, da Christian partout keine Kerne in einer Marmelade mag. Er ist fest davon überzeugt, dass er als Zehnjähriger von vielen Johannisbeerkernen eine Blinddarmentzündung bekommen hat. Doch dies nur nebenbei.

Jetzt kann man sich entscheiden, ob man den passierten Fruchtsaft einfriert oder gleich zu Marmelade weiterverarbeitet.
Im Marmeladenfall wiegt man den Saft und schüttet so viel Zucker dazu, dass sich zusammen mit der Zuckermenge vom ersten Kochvorgang in etwa das gleiche Gewicht wie das des passierten Saftes ergibt.
Das Ganze köcheln lassen und am besten durch permanentes Rühren für schnelleres Eindicken sorgen. Jetzt kommt die Kunst, genau den Zeitpunkt zu erwischen, wo die Marmelade zu gelieren beginnt. Dazu immer mal wieder kleine Mengen auf einen kühlen Porzellanteller geben und nachsehen, ob die Marmelade auf der kälteren Unterlage fest wird. Ist das der Fall, den Kochvorgang abbrechen und die heiße Marmelade in die vorbereiteten Gläser bis zum Rand einfüllen. Vor Verschließen den Deckel großzügig mit hochprozentigem Alkohol = Schnaps (beugt Schimmelbildung vor) benetzen und dann im noch heißen Zustand verschrauben.
Anschließend die Gläser mit »Wapperln« beschriften: Jo-Hi 2011! Als Mitbringsel sind diese »Selbstgemachten« der Renner.

Mauerspleen

Unser Haus und Garten ist ein Vogelparadies. Wenn ich hinter dem Haus unters Dach schaue, entdecke ich fast an jeder Sparre ein ehemaliges Amselnest. Sieben Stück nur an dieser Hausseite. Es wird höchste Zeit, dass Christian die lange Leiter nimmt und sie entfernt. Das dunkle Holz an diesen Stellen gehört nachgestrichen, weil die Amseln richtige »Dreckspatzen« sind.
Rund um unser Haus nisten Meisen, Rotschwänzchen, Rotkehlchen, Finken, Spatzen und auch Stare, in dem Starenkasten auf der langen Stange am Gartenhäuschen. Ich freue mich über

die Flugkünste der Schwalben, die wippende Bachstelze und ganz besonders, wenn ich das Glück habe, einen Zaunkönig zu entdecken. Mich dürfen auch die Krähen besuchen, deren Schlauheit ich bewundere. Noch mehr freue ich mich aber über die Eichelhäher im Herbst und deren weiß-blaues Gefieder.
Unser Garten ist mein Paradies. Dieses Stück Land gehört uns. Keiner kann mir reinreden, was ich damit mache. Ich kann anpflanzen, was ich will, ich kann darauf herumlaufen, wie ich will, ich kann Tore für Kinder bauen oder schnell Boccia mit Christian spielen. Als die Kinder noch klein waren, hätte man meinen können, unser Garten sei ein Sportplatz. Fußball, Handball, Volleyball, Federball, immer spielten irgendwelche Kinder bei uns und machten den schönsten Lärm, den es gibt.
Blumen sind mir sehr wichtig. An jeder Ecke blüht es. Ich bin stolz darauf, dass ich die Geranien so gut über den Winter bringe, sie gedeihen dann umso prächtiger. Es ist mir nicht möglich, selbst die kleinste und unbedeutendste Pflanze wegzuwerfen. Aus jeder Wurzel oder jedem Samen versuche ich, neues Leben zu entwickeln oder sie nicht absterben zu lassen. Wirft Christian heimlich eine abgeblühte Pflanze weg, dann stecke ich sie heimlich in einen Blumentopf und tue mein Bestes, um sie durchzubringen. Ab August wird unser Garten zum Kapuzinerfeld. Die Kresse überwuchert alles, die Rosen, die Wege, alles. Ich lasse sie wachsen, sie ist eine so dankbare und fleißige Pflanze, braucht nur Wasser und kaum Pflege und essen kann man sie auch noch, was will ich mehr?
Den ganzen Tag kann ich in meinem Reich »herumgarteln« oder »herumkratzen«, wie Christian sagt. Der abendliche gemeinsame Rundgang ist Erholung, Befriedigung und Antrieb für weitere Taten. Christian ist fast ebenso gartennarrisch wie ich. Trotzdem prallen bei unseren Vorstellungen, wie der Garten aussehen sollte, zwei Welten aufeinander. Christian liebt einen gepflegten Garten mit schöner gemähter Rasenfläche und angelegten Blu-

Christians Mauerspleen (Sommer 2008)

menrabatten. Ich mag am liebsten eine wilde Blumenwiese, ungeordnete Beete, Pflanzkübel an allen Ecken und die Tomaten dürfen ruhig zwischen den Geranien durchwachsen. Im Gemüsegarten gedeihen Zinnien zwischen Kartoffeln, Rhabarberblätter ragen aus Kapuzinerkresse heraus und die lästige Zaunwinde erfreut mein Herz, weil sie eigentlich ganz schöne weiße Blüten hervorbringt. Nur beim Giersch kenne ich keine Gnade.

Einen gemeinsamen Spleen haben wir allerdings. Wir sind »mauersüchtig«. Natürlich nicht auf irgendeine Mauer! Es muss eine Natursteinmauer oder, besser gesagt, eine für unsere Gegend typische Bruchsteinmauer sein. Ich weiß nicht, wie viele Fotos und Bücher über Mauern wir besitzen, wir können ewig darin herumblättern und über die Mauerkunst anderer Länder und Kulturen staunen. Mit meinem Vater hatte ich schon als Kind

Trockensteinmauern gebaut und die Steine sogar selbst vom steinigen Almenboden zum Haus geschleppt. Christian ist fast noch extremer. Er »mörtelt« selbst, wie er es nennt, und bekam von unserem Freund Heinz Mohr zu Weihnachten eine eigene Mörtelmischmaschine. Überall in unserem Garten entdeckt man daher Mauern, überall kann sich das Auge an Mauerrundungen, gemauerten Ausbuchtungen, ausruhen. Nur ab und zu taucht ein Fremdling auf, das ist dann ein Stein, den wir von irgendeinem Ausflug oder einer Bergtour mitgebracht haben und der uns an einen schönen Tag erinnert.

Ein solcher Tag war der fünfzigste Geburtstag von Christian. Er wollte »fliehen« und ich konnte ihn dazu bringen, sich für Südtirol zu entscheiden, das war im April 1999. Freunde von uns hatten nämlich auf einem unserer Lieblingsplätze, dem Pretzhof bei Sterzing, ein Überraschungsfest organisiert. Es war nicht einfach, ihn am späteren Nachmittag dorthin zu lotsen, ohne dass er Verdacht geschöpft hätte, denn wer den Christian kennt, weiß, wie ungern er über sich bestimmen lässt. Mit List, Tücke und der Hilfe Südtiroler Freunde gelang es mir, ihn gegen Abend in die Nähe des Ziels zu bringen, ohne dass er merkte, was dahintersteckte. Glücklicherweise fließt vom Pretzhof ein Bach ins Tal. Ich brauchte gar nicht viel zu sagen, den Bach wollte Christian selbstverständlich erkunden und möglichst einen »historischen« Stein aus dem Wasser als Erinnerung mit nach Hause nehmen. Während wir also herumsuchten, fuhren hinter uns die Freunde mit den Musikern hinauf zur Wirtschaft. Christian merkte nichts, sondern war damit beschäftigt, über ein Brett einen ausgefallenen Felsen – Stein konnte man dazu nicht mehr sagen – in den Kofferraum zu hieven. Der Erfolg musste gefeiert werden und er schlug selber vor, den Tag noch auf dem Pretzhof ausklingen zu lassen. Oben warteten bereits dreißig Freunde und seine »Lieblingsmusi« aus dem Inntal. Ahnungslos überraschten sie ihn in der Stube aus dem 17. Jahrhundert. Er war sprachlos!

Schöner konnte man einen Menschen nicht aus der Fassung bringen. Bis fünf Uhr früh feierten wir ins neue Lebensjahrzehnt von Christian. Es war ein unvergessliches Fest und der helle Stein in unserer Mauer erzählt noch heute davon.

Noch einen sonderbaren Stein kann man in unserer Mauer entdecken. Genau zehn Jahre nach dem Pretzhof waren wir zum sechzigsten Geburtstag von Christian in Whistler Mountain (Kanada), wo ein Jahr später die Olympischen Spiele stattfinden sollten. Natürlich besichtigten wir dabei die für Olympia bereits fertiggestellten Wettkampfstätten. An der Schanzenanlage hatten die Organisatoren aus mächtigen Granitsteinen einen überdimensionalen, ca. fünf Meter hohen Inukshuk, das Wahrzeichen der Spiele 2010, aufgebaut. Diese mythischen Steingebilde existieren in Kanada schon seit über 1500 Jahren und sollen dem Menschen den richtigen Weg weisen. Sie wurden zum Symbol und Logo der Olympischen Spiele in Vancouver 2010. Natürlich fotografierten wir uns alle vor diesem »Steinmännchen«. Ich sah schon, wie Christians Augen umherwanderten, sie waren auf der Suche … Er streunte umher und hob immer wieder kleinere Steine auf, um das Gewicht zu prüfen. Direkt neben dem Inukshuk lag ein wunderschöner rotbrauner, doch der war viel zu schwer, um ihn im Flugzeug nach Deutschland zu bringen. Wir fuhren mit dem Leihauto wieder zurück ins Hotel, als ich beim Aussteigen hinten im Kofferraum diesen Stein entdeckte. »Spinnst du«, sagte ich. »Den kannst du doch unmöglich mit nach Hause nehmen!« Darauf Christian: »Ich will ja nur mal schauen.« Was auch immer das heißen sollte. Wenige Tage später verließen wir Whistler und fuhren mit unserem Skigepäck zum Flughafen. Unsere Skischuhe hatten wir in eine stabile, strapazierfähige Skischuhtasche eingepackt. Am Schalter wollte ich diese Tasche auf das Gepäckband heben. Mir hätte es fast die Schulter verrissen, so schwer war sie. Ich musste gar nicht hineinschauen, ich wusste schon, was drin war! Christian hatte ein

Sechzigster Geburtstag von Christian mit Inukshuk in Whistler Mountain, Kanada (2009)

Paar Skischuhe herausgenommen und dafür den Stein eingepackt. Ich verdrückte mich vom Schalter und beobachtete von Weitem, wie Christian das Lufthansa-Bodenpersonal bezirzte und die Tasche tatsächlich auf dem Förderband im dunklen Tunnel verschwand. Es ist unser einziger Stein aus Übersee und das Lustige an ihm ist, dass wir ihn in Dokumentationen über die Olympiaanlagen auf einem Foto entdeckten, das vor unserem Besuch gemacht worden war.

In unserem Garten wachsen nicht nur Mauern und Blumen, sondern im hinteren Teil steht auf einem kleinen Hügel unsere Kinderhütte. Sie sieht wie ein originales Minibauernhaus aus. Unser Freund Hartl Trautmann hat sie vor Jahren für seine Kinder gebaut, als die groß waren, konnten wir ihn überreden, sie uns zu überlassen. So eine Hütte gibt es kein zweites Mal. Mit viel

Liebe ist sie aus massiven Kanthölzern gebaut. Sie hat eine kleine Veranda mit Holzgeländer, ist mit Schindeln gedeckt und Fenster und Türe sind original nach historischem Vorbild entstanden. Innen gibt es eine Eckbank und einen Tisch zum »Einkehren«. Die Frage war nun, wie wir diese sehr schwere Hütte aus Hartls Garten in unseren bringen konnten, ohne zu viel Flurschaden anzurichten. Hartl hatte die geniale Idee: Wir warteten bis Dezember, wo der Boden gefroren und Schnee gefallen war. Hartl hob die Hütte mit einem Hebmandl an, sodass man darunter lange, breite Erbacher-Sprungski aus unserem Keller legen konnte. Mit denen hatte Jens Weißflog tatsächlich die Vierschanzentournee gewonnen.

Mit den »angeschnallten« Skiern ließ sich die Hütte spielend transportieren. Zu viert schoben wir sie im Slalom durch den Garten bis zum Zaun, von dort mit einem Kranwagen bis zu unserem Grundstück und anschließend unter dem Jubel der Kinder und deren Freunde den kleinen Hügel hinauf bis zum endgültigen Standort. Es war ein Bild für Götter, wie die Hütte auf den Sprungskiern den Hang emporglitt. Dieses Transportmittel können wir nur zur Nachahmung empfehlen.

Das Kinderhäuschen ist so gebaut, dass auch Erwachsene hineinpassen und an dem Tischchen Platz finden können. Ameli und Felix waren ungefähr sechs und neun Jahre alt, als sie die Idee hatten, in ihrer Hütte Weihnachten zu feiern. Sie schmückten ein kleines Fichtenbäumchen, deckten den Tisch mit Plätzchen, und als es am Nachmittag dunkel wurde, besuchten wir sie zusammen mit Christians Eltern in der Hütte. Jeder hatte winzige Packerl mit Bändchen und buntem Papier eingewickelt, die lagen unter dem Bäumchen. Felix bekam einen Minibagger, Ameli hatte für die Eltern und Großeltern Minibilder gemalt und sie bekam einen Minikoffer. Ameli zündete dann die kleinen Kerzen an, Felix servierte alkoholfreien Teepunsch in Miniaturtassen, der »Abba« (Christians Vater) spielte Gitarre und wir san-

Weihnachten in der Kinderhütte (1989)

gen Weihnachtslieder. Es war einmalig, wie wir eingequetscht und trotz Hüft-OPs der Großeltern glückselig zusammensaßen und in die begeisterten Augen der Kinder blicken durften. Danach hätten wir gar nicht mehr ins Wohnzimmer mit dem großen Christbaum gehen müssen, das eigentliche Weihnachten hatten wir draußen bei den Kindern erlebt.

Mit mir ins Reine kommen

Wann sage ich das Richtige nicht zum falschen Zeitpunkt? Das ist eine Kunst und verlangt viel Fingerspitzengefühl. Es nützt nichts, wenn ich wichtige Themen mit den Kindern oder Christian besprechen will und der Moment ungeeignet ist. Leider bin ich so veranlagt, dass ich »unbedingt« loswerden muss, was mir nicht passt. Ich muss dann ständig nachbohren und nachhaken.

Christian macht in solchen Augenblicken mit dem Finger ein Bohrzeichen, dann weiß ich schon, dass es wieder mit mir »durchgeht«. Meist sind es nur Banalitäten, doch ich kann selbst bei Unwichtigkeiten nicht über den Dingen stehen. Das erleben die Kinder schon von Geburt an. Zum größten Teil geht es um Ordnung, Sparsamkeit oder ums Schreiben von Dankesbriefen. Man sieht es mir anscheinend an, wenn ich »platze«, denn sehr schnell bin ich dann allein auf weiter Flur oder meine Gegenüber schalten auf Durchzug. »Ja, Mama, wir wissen schon ...«, ist der Standardsatz, bevor ich überhaupt ein Wort loswerden kann. Es geht mir halt so wie vielen Müttern: Man glaubt, man müsse den Kindern ein Leben lang Ratschläge geben, selbst wenn diese schon längst erwachsen und selbstständig sind.

Früher, als sie noch klein waren und noch jeden Abend ins Bett gebracht werden mussten, war das abendliche Gebet der ideale Zeitpunkt für ein Resümee des Tages. Davor konnte man alle Ereignisse des Tages und eventuelle Sorgen in Ruhe besprechen. Man konnte ihnen das Gefühl der Sicherheit und Geborgenheit geben und ihnen von dem »Schutzengerl« erzählen, das auf alle Kinder aufpasst.

Dazu unser liebstes Kindergebet

Die Schnecke hat ihr Haus,
Ihr Fellchen hat die Maus,
Der Sperling hat die Federn fein,
Der Falter bunte Flügelein.
Nun sage mir, was hast denn du?
Ich habe Kleider und auch Schuh
Und Vater und Mutter und Lust und Leben,
Das hat mir der liebe Gott gegeben.
Amen.

Danach konnten sie beruhigt einschlafen.
Ich komme am besten bei den abendlichen Nordic-Walking-Runden zur Ruhe. Durch die rhythmische Bewegung mit den Stöcken über längere Zeit ordnen sich die Gedanken wie von selbst. Ich gehe um des »Gehens willen« und nicht um der »Zeit willen«. Im Sport nennt man diesen Zustand »Steady State«, einen stetigen Zustand oder nach der Stabilitätstheorie einen »eingeschwungenen Zustand«. Dieses Wort gefällt mir, denn Schwingen ist mein Leben und meine Schwingungen werden dabei ruhig und harmonisch. In diesem Zustand kann ich am besten über Probleme nachdenken und Lösungen finden. Hinzu kommt, was meine Mutter immer sagte: »Die frische Luft trägt das Ihre dazu bei, um neu aufzutanken.«
So, wie beim Beten mit den Kindern, habe ich mir angewöhnt, vor dem Einschlafen nochmals den Tag zu überdenken. Ich liege dabei im Bett und lasse die vergangenen Stunden an mir vorüberziehen. In dieser Entspannungsphase bin ich viel ruhiger und selbstkritischer und erkenne, wo ich mit meinem Urteil falsch lag oder Fehler gemacht habe. Nie kann und darf es passieren, dass Christian und ich einschlafen, ohne eventuelle Unstimmigkeiten besprochen und aus dem Weg geräumt zu haben. Bei uns fliegen schon auch mal die Fetzen oder es geht emotional zu. Doch es ist ein ehernes Gesetz, erst dann in einen neuen Tag zu schlafen, wenn man mit sich und dem anderen im Reinen ist. Ich kann das nur jedem empfehlen, es gibt kein besseres Schlafmittel.

Bild Ameli »Alter Mann« (2001)

N Notizbuch ganz privat

Es liegt im Eingang, gleich auf dem Tisch, wenn man zur Tür reinkommt. Es liegt immer da! Daneben oder drinnen eingeklemmt liegt der Stift. Es ist vielleicht schon das 27. Buch dieser Art, ich weiß es nicht genau! Sie sind von außen völlig unterschiedlich, aber innen sind sie einzigartige Schätze. Ich bewahre sie alle auf, sie sind mir wichtig, obwohl ich nicht weiß, ob ich sie jemals wieder lesen werde. Sie sind das Spiegelbild unserer Familie, das Kaleidoskop unseres Lebens.
Ich mag keine Zettel und schon gar keine Nachrichten auf irgendwelchen Zetteln, die man wieder wegwirft. Ich schreibe auch ungern Autogramme auf einen Zettel, denn mit meiner Unterschrift gebe ich ein persönliches Stück von mir ab, das ich beachtet wissen will. Ich schreibe auf schöne Karten oder in Bücher, so wie in das bei uns im Eingang. Wir alle in der Familie schreiben unsere Nachrichten und Mitteilungen dort hinein: »Bin mit Karo zum Essen gegangen. Fahre danach nach München. Bussi, Ameli.« – »Hab Training im Stützpunkt, bitte um 12 Uhr 30 Mittagessen! Bring den Max mit. Bussi, Felix.« –

»15 Uhr, sind noch schnell auf den Eckbauer, melden uns. Bussi, Ma + Pa.«
Dieses Buch gibt mir Sicherheit. Es liegt so auffällig im Eingang, dass man gar nicht daran vorbeikommt, um nicht daran erinnert zu werden: »Hey, geh nicht aus dem Haus, ohne mitzuteilen, wie es dir geht, wohin du gehst und wann du wiederkommst.« Dieses Buch ist Therapie, denn es beruhigt und es diszipliniert, an den anderen zu denken, der sich Sorgen macht. Zwei Zeilen oder ein kurzer Gruß genügen, um jemandem Kummer zu ersparen. So leicht ist das!
Im Laufe der Jahre haben die Bücher einen ganz anderen Charakter bekommen. Sie zeugen mit einfachen und teilweise banalen Notizen vom Werdegang unserer Familie und belegen dennoch tief greifend den Wandel, die Entwicklung und den turbulenten Lauf des Lebens.
Der erste Blick beim Betreten des Hauses gilt also immer diesem Buch. Es liegt aufgeschlagen am Tisch und jeder weiß: Aha, eine neue Nachricht! Modern gesprochen: eine SMS! Ich kann's nicht so gut mit dem Handy, ich besitze zurzeit gar keines. Warum auch? Meine SMS schreibe ich ins Buch, die werden nicht gelöscht, sind netzunabhängig und kosten auch nichts. Dafür sind sie viel nachhaltiger: »Die Geranien werden gegossen, die Wäsche wird von der Leine genommen und das Auto zum Kundendienst gebracht.« Sozusagen also unser familiäres Orderbuch!
Wir haben keine Hemmungen, alles hineinzuschreiben, was uns bewegt, egal, ob positiv oder negativ. Eine typische Mitteilung von Felix lautete: »Hätte gerne mit euch gegessen, aber ihr seid nicht gekommen. Schade! Felix.« Als wir dann am nächsten Abend wieder nicht zu Hause waren, lasen wir bei unserer Rückkehr: »Wisst ihr noch, dass ihr einen Sohn habt?« An Ameli schrieben wir einmal: »6 Uhr. Sind nach Zürs, Skikurs geben. Felix Val d'Isère, fährt Kombination. Lass kleines Kerzerl brennen. Kommen spätabends heim. Mach's gut. Bussi, Ma + Pa.«

Ebenso schreibe ich mir auch nützliche Dinge in das Buch. Da stehen die Maße für den Zaun, der unser Gemüsebeet umgeben soll, Osterkerze basteln mit Beate, Rahmen € 150, Rhabarber aus Garten verarbeiten, Zucker für Marmelade kaufen. Als Ameli noch klein war, findet man in ihrer Kinderschrift: »Liebe Mama, lieber Papa, ich war heute nicht lieb zu euch, bitte nicht böse sein, es tut mir leid. Bussi, eure Ameli.« Heute liest man von ihr: »Rockbreiten von Mama: Karo: D-blau: 2,50 m, Schw. Dirndl: 2,40 m, Leinen: 2,80 m, vorne Falten, hinten gereiht, Reißverschluss: 22 cm.«
Es geht kunterbunt zu nach dem Motto: Alles ist erlaubt. Die ersten Entwürfe für die Maskottchen zur Ski-WM 2011 habe ich ebenso dort reingekritzelt wie seitenweise Strickmuster für die neuesten Mützen aus Amelis Kollektion.
Die meisten Blätter verbrauche ich für Skirennen. Aus der internetlosen Zeit habe ich mir die Angewohnheit bewahrt, während der Fernsehübertragungen sämtliche Zeiten und Ergebnisse aufzuschreiben. Für mich ist das eine Art Beruhigungstherapie. Ich bin abgelenkt und kann danach nochmals nachsehen, welche Passagen oder Schlüsselstellen entscheidend waren. Ich finde auch noch die Ergebnisse vom gleichen Rennen des Vorjahres und kann dem eher skeptischen Ehemann beweisen, dass es durchaus Sinn macht, »altmodisch« zu sein. Jeder in der Familie hat halt so seine Rituale, um sich abzulenken. Ich finde meine Art der Stressbewältigung besser, als während des Rennens in den »Keller« zu gehen!
Gerne notiere ich mir auch Lebensweisheiten und Sprüche in unser Buch. Einer Liebeserklärung an den Skilauf »opferte« ich sogar eine gesamte Seite und verziere sie mit einem alten Winterfoto der verschneiten Alpspitze. Ich hatte entdeckt, dass der Nobelpreisträger Hermann Hesse ein begeisterter Skifahrer war und sogar eine Hommage ans Skifahren geschrieben hatte. Da sie so ganz im Sinne von Christian ist, musste sie in das Buch:

»Wenn man auf Skiern über eine Berglandschaft hinunterfährt, dann spürt man die Wellen, Täler, Erhebungen und Falten der Erde durch die Skier und die Knie hindurch genauso zart und schön, wie wenn ein Liebender mit streichelnder Hand über die Glieder seiner Freundin läuft.«
Die schönsten Eintragungen sind die Liebeserklärungen der Kinder und Eltern untereinander. Wenn man nachts spät allein nach Hause kommt, liegt das Buch dann mit einer Blume und einem lieben Gedanken unübersehbar am Boden und begrüßt einen. Ich kann mich nicht erinnern, dass Christian oder ich heimgekommen wären, ohne mit einem Gute-Nacht-Gruß empfangen worden zu sein. »Schön, dass du wieder da bist. Kannst morgen ausschlafen, ich mach das Frühstück.« – »Gute Nacht, Mama, entschuldige die Unordnung, räum ich morgen weg.« – »Hoffentlich geht es dir gut. Freu mich auf morgen.«

Nordic Walking

Vor drei Jahren erhielten wir durch Dagmar Freitag, die Sportausschussvorsitzende des Deutschen Bundestages, die Möglichkeit, dem damaligen Finanzminister Peer Steinbrück unseren Wunsch nach einer eigenen Münze für die Ski-WM 2011 vorzutragen. Wir flogen also nach Berlin und Christian hatte wegen der Wichtigkeit des Anlasses sogar seinen dunklen Anzug angezogen. Wir trafen uns im Restaurant des Deutschen Bundestages, gleich neben dem großen Sitzungssaal. Nach vielen Sicherheitsschleusen betraten wir endlich den Raum. Geich am ersten Tisch rechts saßen Renate Künast, der damalige Vizekanzler Frank-Walter Steinmeier und Jürgen Trittin. Sie erkannten uns und Renate Künast stand auf und begrüßte uns freudig mit dieser typischen Armbewegung für Nordic Walker. Jetzt war es also so

Warm-up macht Spaß!

weit, wir wurden nicht mehr als Skifahrer wahrgenommen, sondern als Nordic Walker.
So wie wir Skifahren leben, so leben wir auch Nordic Walking. Christians Vater, Dr. Gottfried Neureuther, befasste sich schon in den Siebzigerjahren als Erster aus medizinischer Sicht mit dieser Gesundheitssportart. Er nannte es damals: »Gehen mit Stöcken!« Uns liegen die Unterlagen vor, aus denen hervorgeht, wie stark er damals angezweifelt wurde. Unvorstellbar, wenn man bedenkt, welche herausragende Rolle Nordic Walking heutzutage bei der Prävention und Therapie der meisten großen Volkskrankheiten spielt. Diese Sportart – wir betonen immer wieder »Sportart« – ist inzwischen anerkannt und weit mehr als nur Gehen mit Stöcken. Es ist ein völlig neuartiges Lebensgefühl, ein revolutionäres Wellness-Konzept für ein Leben in Vitalität, eine

ideale Bewegungsform, die den Körper gleichmäßig in Form bringt, die Fitness und Wohlbefinden steigert und hilft, Verspannungen zu lösen, nicht nur im Körper, sondern auch im Kopf (Quelle: »Nordic Walking« von Rosi Mittermaier, Christian Neureuther, Andreas Wilhelm).

Ich bewege mich am liebsten an der frischen Luft. Da ist Nordic Walking ideal. Ich bekomme den Kopf frei und tanke Lebensfreude. Und es ist die ideale Sportart zu zweit oder in der Gruppe. Nordic Walking kann man in jedem Alter beginnen, egal, ob trainiert oder untrainiert. Besonders auch Menschen mit Gelenkproblemen oder Rückenbeschwerden finden hier eine ideale Bewegungsform. Doch man sollte nicht vergessen, dass man Nordic Walking, wie jede andere Sportart auch, erlernen muss. Erst mit der richtigen Technik ist es effektiv, sieht gut aus und macht Spaß. Versuchen Sie, mindestens dreimal in der Woche eine Trainingseinheit einzulegen und sich langsam zu steigern. Ideal wäre, wenn Sie es auf dreißig bis sechzig Minuten oder darüber hinaus schaffen würden. Denken Sie immer daran, dass Sie sich im aeroben, also eher in einem niedrigen Pulsbereich bewegen. Walken Sie so, dass Sie sich noch unterhalten können. Dann tun Sie Ihrer Gesundheit wirklich etwas Gutes.

Nordic Walking ist für jedermann geeignet, also z. B. auch für Übergewichtige, die gesund und effektiv abnehmen wollen. Der Körper verbrennt Fett im aeroben Pulsbereich und nicht im zu hohen anaeroben Bereich, in den man so leicht beim Joggen kommt. Fünfundachtzig Prozent aller Muskeln sind in Aktion und jeder Muskel ist ein kleiner Ofen, der zur Energiegewinnung Fett verbrennt. Da Nordic Walker nicht auf Zeit laufen, kommen sie mit einem Lächeln ins Ziel. Durch dieses Training der Lachmuskeln sind somit eigentlich hundert Prozent der Muskeln im Spiel. In einer Stunde verbrennt man dann je nach Tempo und Gewicht zwischen dreihundert und fünfhundert Kalorien, das sind rund vierzig Prozent mehr als beim normalen Gehen.

Nordic Walking baut wunderbar Stress ab. Nach spätestens dreißig Minuten schüttet der Körper Glückshormone aus. Hinterher bin ich entspannt und fühle eine wunderbare innere Ruhe. Dann freue ich mich immer schon auf die nächste Tour. Zusammen mit dem Sportmediziner Dr. Bernd Wohlfarth haben wir das Buch geschrieben »Die Heilkraft des Sports«. Bernd betreut während des Winters die deutschen Biathleten bei allen Wettkämpfen. Für den Deutschen Skiverband und Felix ist er in der TU in München wichtigster Ansprechpartner, wenn es um medizinische Fragen geht. Er hat in einer Grafik wunderbar zusammengestellt, um was es beim Nordic Walking bzw. gesunder Bewegung geht:

Bewegung schützt vor Krankheiten

RÜCKENSCHMERZEN
Einer britischen Studie zufolge ist gezieltes Rückentraining genauso wirksam, aber weniger gefährlich als eine Operation (Versteifung der Wirbel mit Schrauben und Stäben).

ZUCKERKRANKHEIT
Durch Bewegungsmangel und Überernährung verursachter Diabetes (Typ 2) lässt sich durch bessere Ernährung und sportliche Betätigung umkehren. Der Insulinhaushalt normalisiert sich.

KNOCHENDICHTE
Bewegung und Koordinationstraining vermögen weitaus besser vor Knochenbrüchen zu schützen als Osteoporose-Medikamente.

STERBLICHKEIT UND GEBRECHLICHKEIT
Körperlich fitte Menschen leben statistisch gesehen länger als träge Zeitgenossen; der biologische Alterungsprozess verzögert sich bei ihnen.

MUSKULATUR
Der durch jahrelange Untätigkeit bewirkte Muskelschwund lässt sich durch moderates Krafttraining selbst bei Neunzigjährigen noch umkehren.

DEPRESSION/DEMENZ
Bewegung verbessert den Austausch von Botenstoffen im Gehirn und kann dadurch Schwermut und Gehirnverkalkung entgegenwirken. Offenbar lässt sie sogar neue Nervenzellen wachsen.

HERZERKRANKUNGEN
Bei arteriosklerotischen Gefäßen, Infarkt und Herzmuskelschwäche kann moderates Training – unter ärztlicher Aufsicht – die Symptome zurückbilden und das Leben verlängern.

BRUSTKREBS
Aus noch ungeklärten Gründen leben Brustkrebserkrankte offenbar länger, wenn sie nach der Diagnosestellung Sport treiben.

VERSCHLEISS AN GELENKEN
Durch gezielte Kräftigung der Muskeln können die Symptome gelindert werden.

DARMKREBS
Patienten, die nach der Diagnosestellung regelmäßig joggen, haben einer amerikanischen Studie zufolge weniger Rückfälle.

Wenn Sie erst einmal den Anfang gemacht haben, werden Sie merken, wie schnell Sie Fortschritte machen und wie gut Nordic Walking Ihnen tut. Damit es optimal läuft und Sie gleich zu Anfang effektiv trainieren können, sollten Sie einige wichtige Dinge einüben, denn die richtige Technik ist entscheidend für die Effektivität. Man kann sie leicht lernen, doch unterschätzen Sie nicht die koordinativen Schwierigkeiten beim Öffnen und Schließen der Hände. Ein spezieller Nordic-Walking-Kurs ist daher sehr zu empfehlen.

Schön wäre, wenn Sie nicht gleich loswalken, sondern sich vorher fünf bis zehn Minuten aufwärmen. Danach geht's aber gleich los:

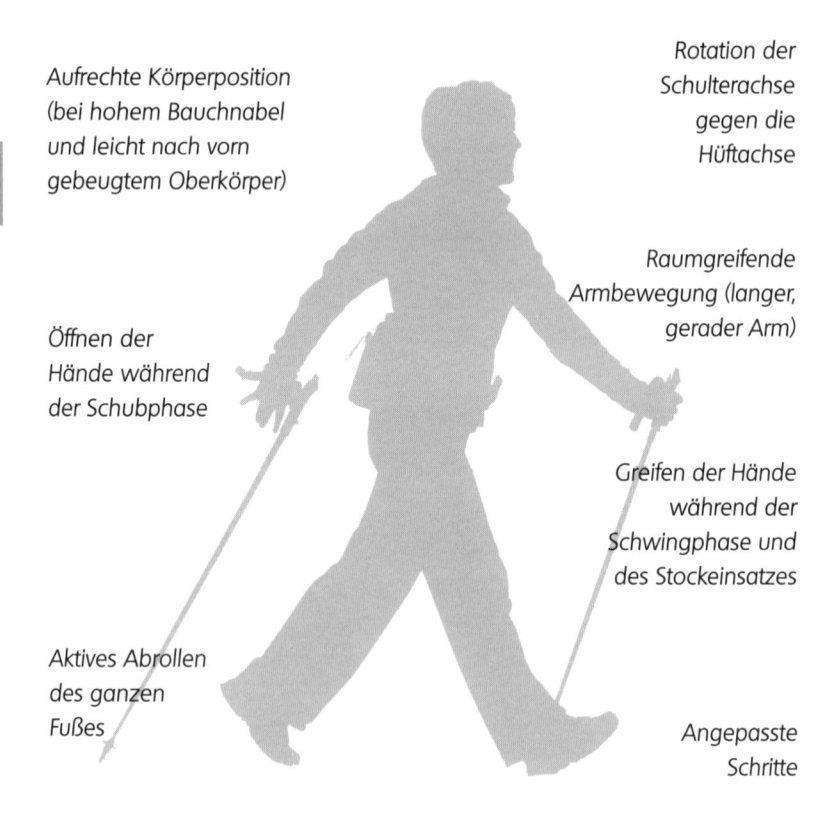

N

Aufrechte Körperposition
(bei hohem Bauchnabel
und leicht nach vorn
gebeugtem Oberkörper)

Rotation der
Schulterachse
gegen die
Hüftachse

Öffnen der
Hände während
der Schubphase

Raumgreifende
Armbewegung (langer,
gerader Arm)

Greifen der Hände
während der
Schwingphase und
des Stockeinsatzes

Aktives Abrollen
des ganzen
Fußes

Angepasste
Schritte

Meine sieben goldenen Regeln für effektives Nordic Walking

Kennenlernen
Nordic Walking ist in der Gruppe am schönsten. Es bietet die Möglichkeit, neue Menschen kennenzulernen. Nordic Walking ist kommunikativ. In der Gruppe oder mit einem Instructor werden Sie mit den komplexen Bewegungsabläufen und auch mit dem Material am besten vertraut.

Aufrechte Körperposition
»Kopf hoch!« Zwei Worte, die aufmuntern und Ihnen helfen sollen, die Seele wieder aufzurichten. Das ist genau das, was Nordic Walking will: die Verbesserung des Wohlbefindens. Die Rumpfmuskulatur stabilisiert sich dadurch. Nur beim aufrechten Oberkörper werden alle Muskeln rund um die Wirbelsäule trainiert.

Kreuzkoordination
Rotation der Schulterachse gegen die Hüftachse. Rechter Arm und linkes Bein (wie beim normalen Gang) und umgekehrt sind vorne und ergeben die gewünschte Kreuzkoordination. Ich denke immer, linke Hand und rechtes Knie schwingen zueinander.

Öffnen und Schließen der Hände
Öffnen der Hand in der Schubphase (Arme von vorn nach hinten). Unmittelbar nach dem Stockeinsatz öffnet sich die Hand. Die Finger spreizen sich, sodass die Hand den Griff verlässt und nur noch über den Druck auf die Schlaufe nach hinten schiebt. Wir steuern die Intensität der Nordic-Walking-Einheit über den Druck, den wir bei geöffneter Hand über die Schlaufe auf den Stock ausüben. Das ist auch der Grund, weshalb man eine gut sitzende Nordic-Walking-Schlaufe am Stock benötigt. In der

anschließenden Schwungphase nach vorne greifen wir wieder den Stock und schließen die Hand. Dieses Greifen und Loslassen ist eines der wichtigsten Elemente beim Nordic Walking. Der Pumpeffekt der Hand fördert die Entspannung der Nackenmuskulatur und verbessert die Blutzirkulation.

Langer Arm
Denken Sie beim Gehen an das Pendel einer Uhr. Unsere Arme pendeln nah am Körper entlang. Während dieses diagonalen Armpendelns bleiben unsere Arme »lang«, d.h. der Ellbogen bleibt gerade. Dieser lange Arm ermöglicht eine höhere Muskelarbeit und unterstützt die Rotation der Schulter – gegen die Hüftachse.

Flacher Stock
Der Stock muss bei einem »langen Arm« flach eingesetzt werden, also nicht senkrecht (neunzig Grad), sondern in einem Winkel von ca. fünfundfünfzig bis fünfundsechzig Grad. Das gelingt am besten, wenn Sie den Stock etwas vor der Schrittmitte einsetzen.

Aktive Fußarbeit
Es geht um ein harmonisches und dabei stabiles Abrollen des Fußes, von der Ferse über den Mittelfuß bis hin zur Großzehe, über die gesamte Länge des Schrittes. Gezwängt in zu enges Schuhwerk, aufgebockt in High Heels, platt getreten in Billigschuhen bekommt unser Fuß zu wenig Aufmerksamkeit. Nordic Walking aktiviert die Fußmuskulatur und sorgt für Entspannung und Wohlbefinden.

Nordic-Walking-Ausrüstung
Die Schuhe: *Eigentlich kann man zum Nordic Walking alle gedämpften Sportschuhe tragen. Spezielle Nordic-Walking-Schuhe verhelfen zu einem harmonischeren Aufsetzen der Ferse.*

Optimal: Wenn Sie neue Laufschuhe kaufen, am besten in einem Fachgeschäft, wo Sie gleichzeitig eine Ganganalyse machen lassen können. Das ist orthopädisch ideal und verhindert Fehlbelastungen bzw. Gelenkschädigungen.
Die Stöcke: Gute Stöcke (ab ca. ⇔ 50) kauft man im Fachhandel. Entscheidend ist eine gute Schlaufe, die sich optimal ans Handgelenk anpassen lässt und die gegebenenfalls mit einem »Klick-System« wie beim Langlaufen versehen ist. Kaufen Sie einen Markenartikel, sonst werden Sie keine Freude beim Nordic Walking haben. Man hat inzwischen erkannt, dass kürzere Stöcke eine harmonischere und entspanntere Technik ermöglichen. Als Regel gilt die »Bauchnabel-Formel«: Schlaufenausgang = Bauchnabelhöhe. Das gleicht Längenunterschiede von Beinen und Oberkörper ideal aus.
Die Kleidung: Geeignet ist atmungsaktive Sport-Funktionskleidung. Sie leitet Schweiß gut nach außen ab und schützt trotzdem vor Nässe oder Auskühlung.

O Osterkerze

Immer kurz vor Ostern klingelt das Telefon und meine Freundin Beate Wirzberger ruft an: Passt es dir, wenn wir nächste Woche unsere Osterkerze basteln?« Beate ist eine faszinierende Frau. Ich kenne niemanden, der sich mit einer so großen Herzlichkeit und Selbstlosigkeit sozial engagiert wie sie.
Was für sie gilt, stimmt für die gesamte Familie Wirzberger. Beates Mann Peter ist Pastoralreferent und gibt Religionsunterricht an der Burgrainer Hauptschule. Gleichzeitig betreut er das hiesige Gefängnis und selbstverständlich alle weiteren sozialen Einrichtungen der katholischen Kirche von Garmisch. Beate arbeitet ebenfalls als Religionslehrerin an der Grundschule in Grainau. Die Lage dieser Schule ist einzigartig. Sie liegt direkt neben der berühmten Barockkirche, dem Wahrzeichen Grainaus. Ich bin immer fasziniert, wenn ich dort vorbeikomme und den markanten Kirchturm gegen das steil aufragende Wettersteinmassiv emporragen sehe. Darunter, in den Hang eingebettet, liegt der Friedhof mit den vielen für unsere Gegend typischen schmiedeeisernen Kreuzen. An Allerheiligen funkelt der ganze Hang

von den vielen roten Grablichtern – und leuchtet tief in einen hinein.

Beate lud mich einmal in ihre vierte Klasse der Grundschule ein, um mit den Kindern über Leistungssport und Olympische Spiele zu diskutieren. Die meistgestellte Frage der Kinder war: »Wie fühlt es sich an, wenn man die Medaillen umgehängt bekommt?« »Das könnt ihr gleich selbst spüren«, antwortete ich, holte die Medaillen aus der Tasche und hängte sie den Kindern um den Hals. Nach langer Zeit kamen sie damit endlich mal wieder zu einem sinnvollen Einsatz.

Natürlich hat die Schule auch eine Rutschbahn. Die ist so intelligent in den Hang eingebaut, dass die Kinder nach der Rutschpartie keinen direkten Weg zurück nutzen können, sondern außen um die Turnhalle herum laufen müssen. Ich finde das genial, denn dadurch werden die Kinder zusätzlich zum Bewegen gebracht.

Bei der Ski-WM im letzten Februar suchte die ARD besonders herzliche und witzige Kinder für eine »Dingsda-Produktion«, die bei der Eröffnungsfeier gezeigt werden sollte. Da fiel mir gleich Beates Klasse ein. Das Resultat war sensationell: Die Kinder spielten mit schauspielerischer Glanzleistung und öffneten die Herzen der Zuschauer. Die Klasse besuchte anschließend die Wettkämpfe. Bis zum letzten Läufer standen die Schüler im Ziel und feuerten mit Begeisterung jeden Fahrer egal welcher Nationalität an. Besser kann man die Werte des Sports nicht weitergeben.

Die Wirzbergers begleiten uns durchs kirchliche Jahr. An Weihnachten bekommen wir neben den selbst gebackenen Platzerl auch das Bethlehem-Licht, das mit dem Flugzeug aus der Geburtsstätte Jesu nach München geflogen wird und sich von dort in viele Gemeinden Bayerns verteilt. Mit diesem Licht zünden wir unsere Adventskerzen und den Christbaum an.

An Ostern basteln wir dann die Osterkerze. Das hat Tradition. Jedes Jahr treffen wir uns mit Freundinnen bei Beate zum Tee

Mit »Ga + Pa«, unseren Maskottchen der Ski-WM, in Garmisch-Partenkirchen (2011)

und verzieren dicke weiße Kerzen mit christlichen Symbolen, die wir aus Wachs formen. Mal schmücken wir sie mit einem Kreuz, mal mit einem Lamm oder einer Krone mit Herz, je nach der Symbolik des jeweiligen Kirchenjahres. Diese Kerze wird nicht nur an Ostern angezündet, sondern begleitet uns während des gesamten Jahres: Wenn wir an wichtige Menschen denken, wenn wir jemandem Glück wünschen oder mit jemandem eng verbunden sein wollen. Sie brennt bei Herausforderungen von Ameli und bei Renneinsätzen von Felix, sie leuchtet am Geburtstagstisch oder an Gedenktagen, sie ist helles Licht fürs ganze Jahr.

P Palmstrauß

Weihnachten und Ostern sind wichtige Feste in unserer Familie. Die damit verbundenen Traditionen wurden von uns von vorherigen Generationen übernommen oder haben sich im Laufe der Zeit von selbst gebildet. Eine davon ist die Verbindung von Osterkerze und Palmbuschen und hängt mit unserem Freund Seppi Kümmerle zusammen.
Der Seppi und seine Frau Christl sind für uns ein Glücksfall. Sie begleiten uns seit über dreißig Jahren, helfen, wann immer wir sie brauchen, und sind Anlaufstelle für uns alle in guten wie in schlechten Zeiten.
Seppi ist der Museumsleiter des hiesigen Werdenfels-Museums und kennt sich in Kulturfragen bestens aus. Traditionell bindet er zum Palmsonntag einen Palmbuschen, der an den Einzug Christi in Jerusalem erinnern soll: ein wahres Kunstwerk, bei dem kurz geschnittene Weidenkätzchen rund um einen Stab gebunden und mit bunten Bändern umwickelt werden. Am Palmsonntag werden sie in der Kirche geweiht und in der Bauernstube hinter das Kruzifix gesteckt. Diese Sträuße sollen vor

Unwetter und Blitz schützen. Wir bekommen von Seppi jedes Jahr so einen »Werdenfelser« Palmbuschen und er von mir eine selbst gebastelte Osterkerze – ich bin dankbar für diese wunderbare Form der Freundschaftspflege.
Es ist nun der Brauch, den Palmbuschen nach einem Jahr zu verbrennen, doch das bringe ich bei den schönen Buschen vom Seppi einfach nicht übers Herz. So steht ein dicker Strauß gesammelter Palmbuschen in unserer Bauernstube und Seppi schüttelt jedes Mal den Kopf, wenn er ihn sieht.

Pantoffeln im Schloss Bellevue

Ich koche leidenschaftlich gerne. Im Laufe der Zeit sprach sich das herum und so wurde ich sogar in den Amtssitz des Bundespräsidenten ins Schloss Bellevue zum Kochen eingeladen: Es sollte Krautwickel mit Soße und Salzkartoffel geben. Anlass für diese Einladung war nicht der Wunsch unseres damaligen Bundespräsidenten Roman Herzog nach bayrischer Küche, sondern die Kochsendung seiner Frau »Zu Gast bei Christiane Herzog«, der damaligen First Lady.
Ich bewunderte Christiane Herzog, da sie mit ihrer Sendung, den Kochbüchern und ihrem grandiosen Engagement Außerordentliches für die Mukoviszidose-Stiftung leistete. Ich freute mich also sehr auf diese Begegnung.
Ein weiterer Teilnehmer der Kochrunde war der von uns sehr geschätzte Sportmoderator Dieter Kürten. Ich glaube nicht, dass er zuvor schon oft an einem Küchenherd gestanden hatte, doch er war sehr bemüht, half eifrig beim Kartoffelschälen und erst recht danach beim Essen. Umso sachkundiger agierte Frau Herzog. Man sah ihr bei jedem Handgriff an, dass sie Hauswirtschaftslehrerin war.

Während Dieter eifrig schälte, portionierten wir das Rinderhackfleisch in die gewaschenen Weißkohlblätter, umwickelten sie mit einem Bindfaden und bepinselten die Krautwickel mit Schweineschmalz. Zum Schluss wurden sie in einem Topf von allen Seiten angebraten.

Den Trick mit dem Schweineschmalz kannte ich von meiner Mutter: Wenn man ein Gericht mit Rind macht, muss es in Schwein angebraten werden – und umgekehrt. Auf diese Weise schließt das Fleisch schneller die Poren und trocknet nicht zu sehr aus.
Während die Rouladen mit etwas Fleischbrühe rund vierzig Minuten vor sich hin köchelten, deckten wir den Tisch und unterhielten uns dank der lockeren Art von Frau Herzog prächtig.
Kurz bevor die Krautwickel fertig waren und wir uns zu dritt abseits der Kameras zum Essen hinsetzten, trat Roman Herzog ins Esszimmer. Der Bundespräsident hatte Hunger! Damit hatten wir nicht gerechnet. Seine Frau holte noch ein Gedeck und wir aßen unsere Krautwickerl, als ob sich gute Freunde zum Essen eingeladen hätten. Es war auch wie zu Hause, denn der Bundespräsident trug Hausschuhe! Seine Frau ermahnte ihn deswegen, doch er machte sich gar nichts daraus: »Als Hausherr kann ich mir das erlauben«, schmunzelte er. »Dieser alte Bau ist zwar wunderschön, aber schrecklich kalt.« Er wusste, wovon er sprach, denn Roman Herzog war bis heute der einzige Bundespräsident, der wirklich in diesem alten Schloss aus dem 18. Jahrhundert gewohnt hat.

In Erinnerung an dieses denkwürdige Ereignis das Originalrezept von Christiane Herzog:

Krautwickel

Zutaten für 4 Personen
2 kleine Köpfe Weißkohl
2 Brötchen
ca. ½ l Milch
40 g Butter
500 g Rinderhack oder fein gehackte Braten-
oder Geflügelreste oder Bratwurstbrät
2 kleine Eier
2 EL Zwiebelwürfel
2 EL frisch gehackte Petersilie
abgeriebene Schale von 1 unbehandelten Zitrone
Salz, frisch gemahlener Pfeffer
3 EL Keimöl
2–3 EL Schweineschmalz zum Bepinseln

Zubereitung
Die schönsten Blätter der beiden Kohlköpfe ablösen und im Salzwasser so lange kochen, bis sie bissfest sind.
Anschließend auf einem Brett nebeneinanderliegend ausbreiten und die dicken Mittelrippen entfernen. Die Brötchen entrinden und in Milch einweichen.
Die weiche Butter cremig rühren, die ausgedrückten Brötchen unterrühren. Nach und nach das Fleisch, die Eier, Zwiebelwürfel und Petersilie dazugeben.
Mit Zitronenschale, Salz und Pfeffer würzen und zu einem geschmeidigen Fleischteig verarbeiten. Die Kräuterblätter dick damit bestreichen.
Von den schmalen Seiten her zusammenrollen und mit einem Küchengarn verschnüren.
Den Backofen auf 180°C vorwärmen.

Das Öl in einem Schmortopf erhitzen und die Krautwickel darin bei mittlerer Hitze vorsichtig anbraten.
In den heißen Backofen stellen und in etwa einer Stunde fertig garen, dabei die Krautwickel immer wieder mit Schweineschmalz bepinseln, damit sie knusprig werden. Darauf achten, dass die Krautblätter nicht zu dunkel werden. Gegebenenfalls Hitze reduzieren oder die Krautwickel mit Alufolie bedecken.

Durch das Bepinseln mit Schweineschmalz glänzen die Krautwickel besonders schön. Ich mache immer die doppelte Menge Fleischfarce. Dann arbeite ich das restliche, ebenfalls weich gekochte, durch den Fleischwolf gedrehte Kraut unter und verarbeite beides zu einem Hackbraten. Den friere ich ein und habe auf diese Weise eine Mahlzeit gewonnen.

Papst Benedikt XVI.: »Kann ich gut gebrauchen«

»Die kann ich aber gut gebrauchen«, sagte Papst Benedikt XVI. zu mir, als ich ihm in der Audienzhalle des Vatikans ein Paar weiße Nordic-Walking-Stöcke überreichte, in die auch sein Name eingraviert war: Pontifex maximus Benedictus XVI. Im Dezember 2008 hatte der Papst die EAGLES zu einer Audienz eingeladen, ein Charity-Golfclub, zu dem Franz Beckenbauer, Otto Waalkes, Elmar Wepper oder auch Susanne von Borsody gehören. Ebenso sind Christian und ich Mitglieder dieses gemeinnützigen Vereins. Wir golfen für einen guten Zweck, jährlich kommen dabei ca. eine Million Euro zusammen, die an unterschiedliche Stiftungen gehen, so etwa an Brustkrebs Deutschland e.V., an die Tabaluga-Kinderstiftung oder an meine Kinder-Rheumastiftung. Wir hatten lange über das Geschenk nachgedacht. Was sollten

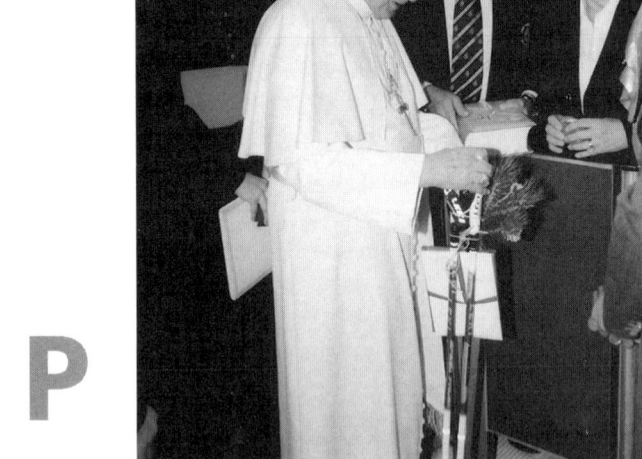

Audienz bei Papst Benedikt XVI. in Rom (2009)

P

wir dem Papst mitbringen? Was hatte er sicher noch nicht bekommen, was könnte er brauchen? Da kamen wir auf die Idee mit den Stöcken, denn Bewegung schadet auch einem Papst nicht. Zu Hause holte ich noch ein kleines Latschensträußerl und drei geschnitzte Edelweiß, die ich mit einer einfachen Schnur oben an den Stock band.
Beim Frühstück überlegten Christian und ich noch, was wir auf die Karte schreiben sollten, die wir extra mitgebracht hatten. Darauf war ein Foto mit einem Kreuz auf einer Felsspitze zu sehen. Wir hatten es vor wenigen Jahren auf dem Anstieg zu unserem Lieblingsberg hinter dem Haus, den Kramer, aufge-

nommen. Es zeigt eine steile Felsnadel mit einem Kreuz darauf und im Tal dichten weißen Nebel. Wir schrieben darauf: »Wir wünschen Ihnen viele solche Ausblicke in Ihrem geliebten Bayern!«

Ich freute mich sehr auf diese Begegnung. Papst Benedikt hatte sich ausdrücklich gewünscht, mich kennenzulernen – das war eine große Ehre. Auch wenn ich mit vielen Ritualen und Dogmen der Kirche nicht einverstanden bin, bewundere ich diesen Papst für seinen Geist und seine Ausstrahlung.

Da die Audienz kurz vor Weihnachten stattfand, nahm ich noch ein persönliches »Heiligtum« mit nach Rom: das geschnitzte Jesuskind aus unserer Weihnachtskrippe. Ich erinnere mich gut an den Moment, als der Papst und ich uns bei der Audienz gegenüberstanden. Er reichte mir die Hand und fragte: »Liegt schon Schnee zu Hause auf der Winklmoosalm?« Da war ich sprachlos! Ich wusste zwar, dass er in seiner Jugend mal bei uns in Reit im Winkl gewesen war und auch einige wenige Skiversuche unternommen hatte, dass er sich aber an die Winklmoos erinnern würde, erstaunte mich doch sehr.

Wir unterhielten uns ungezwungen, und nachdem ich ihm die Nordic-Walking-Stöcke übergeben hatte, zog ich noch meine kleine Schachtel mit dem Jesuskind aus der Tasche: »Können Sie mir bitte noch diese Krippenfigur segnen? Sie ist von Sebastian Pfeffer, dem Schnitzer aus Mittenwald, den Sie auch gut kennen. Er hat auch die Kapelle auf der Zugspitze ausgemalt.«

Er segnete die Figur, erkundigte sich nach dem Mittenwalder Künstler und wünschte mir gesegnete Weihnachten.

Vielleicht täusche ich mich, doch mir kommt es so vor, wie wenn das Jesuskind in der Krippe seit dieser Begegnung noch lieblicher lächelt.

Q Quelle

»Wie geht das?« »Was ist das?« »Woher hast du das?« Kennen Sie auch solche Fragen? Ich finde sie herrlich, denn für mich ist es das Schönste, jemandem eine Hilfe geben zu können, sozusagen meine »Quelle« zu verraten. Ich helfe anderen weiter und verliere nichts dabei, sondern bekomme dadurch viel mehr zurück. Ich finde, es tut einem selbst richtig gut, einen Rat zu geben oder einem Menschen weiterzuhelfen. Eine Quelle nicht zu verraten ist Verrat!

Die Quelle ist der Ursprung des Lebens. An der Quelle entspringt das Wasser und ohne Wasser gäbe es kein Leben. Christian sammelt Krüge, alte Krüge. Eine der ersten Leistungen des »Homo sapiens« war, die Hände zu einer Hohlform so zu formen, dass er dadurch Wasser trinken konnte. Tausende Jahre später erfand er den Krug als älteste Gerätschaft der Menschheit, um Wasser festhalten zu können und es den Seinen zum Überleben zu bringen. Das Wasser holte er mit einem Krug an der Quelle.

Auch ich möchte mit einem Krug zur Quelle gehen und viel von dem verteilen, was gut und hilfreich ist.

Erfrischung!

Querbeet

Seit dem 1. Februar 1998 steht bei uns in der Küche ein Fernsehapparat. Das will etwas heißen, denn eigentlich wollten wir den Fernsehkonsum wegen der Kinder möglichst klein halten. Daher gab es nur ein absperrbares Gerät im Wohnzimmer. Nun waren jedoch Olympische Winterspiele in Nagano (Japan), wohin ich wegen der Kinder nicht mitreisen konnte, und Christian kommentierte vor Ort als Skiexperte für die ARD.
Wegen der Zeitverschiebung wurde hauptsächlich untertags gesendet. Da ich nichts versäumen wollte, besorgte ich mir einen kleinen Fernseher und stellte ihn aufs Fensterbankerl neben den Küchentisch. Jetzt konnte ich neben der Küchenarbeit alle

Geschehnisse verfolgen und zur Mittagszeit wurde sogar das Tabu gebrochen, dass während des Essens niemals ferngesehen wird. Die Kinder waren selig und ich war noch nie so gut über Olympia informiert wie in Nagano. Ständig gab es Verschiebungen, von denen selbst Christian in Japan nichts mitbekam und den ich per Telefon auf dem Laufenden halten konnte. Wir kochten und aßen zwischen ersten und zweiten Durchgängen und erlebten in der Küche den sensationellen Dreifachtriumph der deutschen Skifahrerinnen in der Kombination: Gold für Katja Seizinger, Silber für Hilde Gerg und Bronze für Martina Ertl. So konnten wir mitfiebern und mitjubeln, und das Essen schmeckte noch mal so gut.

Wir saßen am Tisch, unterhielten uns während des Zuschauens und so konnte ich den Kindern die Ereignisse viel besser erklären und erläutern als auf dem üblichen TV-Platz am Sofa oder im Sessel. Wir diskutierten unterschiedliche Blickwinkel und Sichtweisen und unterschieden das Wichtige vom Unwichtigen.

Dreizehn Jahre später steht der Fernseher immer noch am selben Fleck und ich finde es superpraktisch, während der Hausarbeit Frühstücksfernsehen, Nachrichten und natürlich meine Lieblingssendung »Querbeet« anzusehen. »Querbeet« wird jeden zweiten Montag um 19 Uhr im dritten Programm des Bayrischen Fernsehens ausgestrahlt. Es geht um Flora und Fauna und um alles rund um den Garten. Wunderschöne Gartenanlagen werden ebenso gezeigt wie die Gestaltung von Wegen und Mauern. Ich bin immer wieder begeistert, mit welch großem Aufwand und Sachverstand durchs Gartenjahr geführt wird. Während ich koche, werde ich gescheiter, lerne dazu und kann vieles aus der Sendung direkt umsetzen. Dann freue ich mich, wenn die Blumen im Garten noch üppiger blühen und ich ein Sträußerl davon auf den Tisch in der Küche stellen kann.

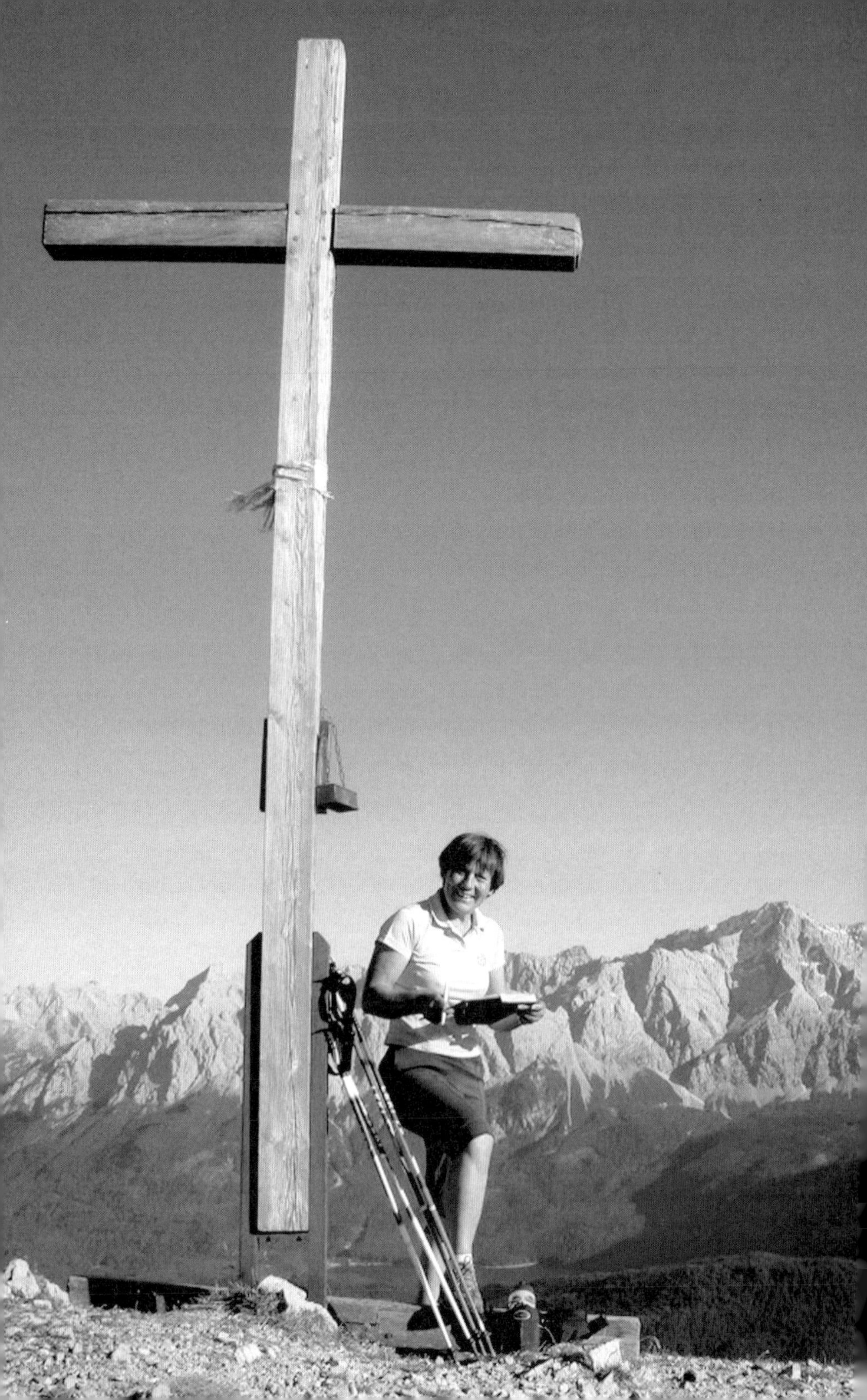

R Robuste Gesundheit

Das Thema Bewegung und Gesundheit zieht sich wie ein roter Faden durch dieses Buch. Es ist meine tiefste Überzeugung, dass beides unabdingbar miteinander verbunden ist. Ich weiß aber auch, dass Bewegung allein noch nicht gesund macht. Was bestimmt also noch unsere Gesundheit? Natürlich eine vitaminreiche und vielseitige Ernährung. Auch klar! In meinen Augen ist auch wichtig, dass man in sich hineinhört und seinen Körper kennt. An dieser Stelle höre ich sofort den Protest meiner Tochter Ameli: »Du bist ja so robust. Du redest leicht daher. Du brauchst gar nicht in dich hineinhören. Du übergehst einfach alle Schmerzen!«

Der Vorwurf ist nicht ganz unberechtigt. Durch meine Erziehung und den Leistungssport bin ich nicht gerade zimperlich. Christian weist mich oft darauf hin, dass ich bei anderen die gleichen Maßstäbe ansetze wie bei mir und dadurch härter erscheine, als

Auf der Schellschlicht, 2052 m über Schloss Linderhof
(August 2011)

ich es eigentlich sein will. Wehleidigkeit kann ich überhaupt nicht vertragen. Ich versuche, Tatsachen zu akzeptieren und das Beste daraus zu machen.
Dennoch: Es gibt auch bei mir Tage, an denen ich mich nicht so richtig wohl fühle. Dann versuche ich, so eine Schwäche oder Kränklichkeit gar nicht erst aufkommen zu lassen. Ich gehe nicht gleich zum Arzt oder an den Medikamentenschrank, sondern versuche, rationell mit der Situation umzugehen, nach dem Motto: »Jetzt reiß dich zusammen, mach keinen Zirkus, steh auf und trink einen Tee, dann geht es dir schon wieder besser.«
Tee hilft immer! Ich trinke ihn in allen Varianten. Wenn ich mir mal wirklich nicht sicher bin, ob ich krank werde, gieße ich mir meinen speziellen Gesundheitstee auf. Der bringt mich meistens wieder auf die Beine, ganz ohne Chemie.

R

Gesundheitstee

Zutaten
30 g Ingwerwurzel
Saft von 1 Zitrone
1 gehäufter EL brauner Zucker
600 ml Wasser

Zubereitung
Ingwer in Scheiben schneiden und mit Zitronensaft, Zucker und Wasser fünf Minuten köcheln lassen. Vom Herd nehmen und fünf Minuten durchziehen lassen.
Den Tee absehen und heiß in Gläser füllen.

Nach ein, zwei Gläsern entspanne ich und wenig später ist das ungute Gefühl, schlappzumachen, verschwunden.

S Schlechte Laune

Schlechte Laune – kenne ich eigentlich nicht. Ich gehöre wahrscheinlich zu den Glückskindern. Christian behauptet das auch von sich, allerdings auf seine Art: »Mein größtes Glück ist, dass ich jeden Morgen neben jemandem aufwachen darf, der immer fröhlich ist!«
Das stimmt. Wer den Tag mit einem Lachen beginnt, hat ihn schon gewonnen. Egal, ob um fünf Uhr in der Früh oder um neun Uhr, egal, ob die Sonne scheint oder ob es regnet: Ich nehme es, wie es kommt. Ich freue mich, wenn es regnet und unsere bayrische Landschaft so herrlich grün bleibt, ich freue mich, wenn es kalt ist und ich einen warmen Anorak anziehen kann, ich freue mich über die Sonne, die Vielfalt unseres Wetters und die Vielfalt unserer Jahreszeiten. Ich nehme die Dinge, die ich sowieso nicht ändern kann, wie sie kommen und suche das Positive und Wertvolle darin. Ich bin mit mir im Reinen. Wie schön, dass ich Aufgaben und Pflichten habe, wie schön, dass ich gefordert werde, wie schön, dass es mir nie langweilig wird. Gestern bekam ich zu meinem Geburtstag von der Freundin von

Felix, unserer Tessi, eine Glückwunschkarte mit folgendem Satz, der mir aus dem Herzen spricht: »Heiterkeit und Freudigkeit ist der Himmel, unter dem alles gedeiht.« (Jean Paul)

Schnee

Ein Journalist schrieb einmal über mich, dass der Schnee, wenn ich ihn betrete, nicht beleidigt sei. Das freute mich. Ja, ich liebe den Schnee. Ich freue mich über jede Schneeflocke, egal, ob sie im November oder im April vom Himmel fällt. Wenn es schneit, ist für mich ein Jubeltag. Auf der Winklmoosalm lag früher von November bis in den Mai hinein Schnee, richtig viel Schnee: meterhoch! Durch den Klimawandel hat sich das verändert, dennoch ist diese Alm nach wie vor ein »Schneeloch«. Früher schneite es ganz anders, der Flockenwirbel war so dicht und lustig, wie ich es nirgendwo sonst erlebt habe. Als Kind »musste« ich dann hinaus in dieses tanzende Weiß – was heißt als Kind, noch heute spüre ich die magische Kraft, die mich nach draußen in den Schnee lockt.

Was war das für eine Spannung und Freude, wenn man als Kind am Morgen aufwachte und sah, dass es zum ersten Mal geschneit hatte. Eine neue Traumwelt war entstanden, alles Hässliche war zugedeckt, alles Laute wurde gedämpft und die Bäume verwandelten sich in Märchenfiguren.

Christian fühlt ähnlich wie ich. Hätte er nicht auch diese Sucht, ich glaube, ich hätte ihn nicht geheiratet. Er geht sogar so weit, dass er das Frühjahr als Jahreszeit nicht so gern mag, »weil da der Schnee schmilzt«. So suchen wir uns bis in den späten April hinein die letzten Schneefleckerl an irgendwelchen Schattenseiten, um noch kleine Runden mit den Langlaufskiern neben Krokuswiesen drehen zu können. Am längsten geht es oben in Kal-

Der letzte Schnee
von Kaltenbrunn

S

tenbrunn neben dem Biathlonzentrum den Bach entlang Richtung Aschauermoos. Das ist dann keine gespurte Loipe, sondern wir laufen querfeldein oder treten uns eine eigene Strecke.

Mein Vater war vielleicht der »Schlimmste« der Familie. Noch als Achtzigjähriger schnallte er sich beim ersten Schnee die Ski an und präparierte sich seine eigene Piste direkt vor dem Haus, lang bevor die Skilifte zu laufen begannen. Selbst wenn er nur vier Schwünge ziehen konnte, er war in diesem hohen Alter genauso glücklich wie vor vierzig Jahren, als er mit uns die erste Skipiste präparierte. Im Winter baute er mit uns tagelang Schneeburgen, in denen sich auch Erwachsene aufrecht bewegen konnten. Sie erstreckten sich rund ums Haus und reichten bis in den ersten Stock. Es war wie im Winter-Disneyland.

Auch heute noch schaufeln Christian und ich den Schnee vom Dach hinunter auf unsere Terrasse, schieben ihn zu einem großen Haufen zusammen und höhlen ihn zu einem Iglu aus. Eine schöne Schneeburg gehört im Winter zu unserem Haus wie im Sommer die Geranienkästen.

Sehe ich draußen kleine Kinder spielen, gehe ich zu ihnen, um mit ihnen einen Schneemann zu bauen. Ich erzähle ihnen gern, dass Schnee nicht etwas ist, was nur kalt ist und man nicht anfassen kann. Der Schnee ist auch etwas, was man formen, auf dem man mit Skiern oder mit dem Schlitten fahren kann. Ich schwärme ihnen auch vom Wind vor, den man beim Skifahren im Gesicht spürt. Ich zeige ihnen, dass man in Schneehaufen hineinfallen kann und weich landet, und ich erkläre, dass man sich dabei nicht wehtun kann. Ich lasse mich in den Schnee hineinfallen und gestalte mit den Händen und Beinen Figuren oder Blumen. Ich zeige den Kindern einen vom Schneepflug zusammengeschobenen Schneehaufen. Dort können wir uns stundenlang beschäftigen. Wir bauen Bobbahnen und lassen Löffel darin herunterfahren. Am Abend gießen wir Wasser darüber, damit die Bahn am nächsten Tag vereist ist. Wir gestalten einen Schneemann oder eine Fantasiefigur. Der Kreativität sind keine Grenzen gesetzt.

Schnee hat so viele herrliche Eigenschaften. Schnee ist gefrorenes Wasser und ohne Wasser gibt es kein Leben. Der Schnee hängt bis in den Sommer hoch oben in den Bergen und versorgt uns im Tal mit Wasser. Unsere Landschaft ist dadurch grün und fruchtbar. Mit Sorge verfolge ich den Rückgang der Gletscher und das Verschwinden der weißen Flecken im Gebirge. Auf der Zugspitze beobachte ich oft Araber oder Afrikaner, die noch nie Schnee gesehen haben. Im Nu werden sie zu kleinen Kindern und formen einen Schneeball, mit dem sie aufeinander werfen. Ich hoffe, dass auch noch meine Enkel und Urenkel mit Schneebällen aufeinander werfen können und nicht nur aus Büchern der Vorfahren vom elementarsten Spielzeug der Welt lesen müssen.

Schweinebraten & Co.

Den besten Schweinebraten bekommt man im Wirtshaus. Dort wird er als großes Stück Fleisch im Rohr zubereitet und dabei immer wieder mit Bratensoße übergossen. Genau das macht ihn so besonders saftig und knusprig. Dazu kommt, dass in einer Großküche auch immer Fleischbrühe oder Gemüsefond vorhanden ist, womit aufgegossen und verfeinert werden kann. Das schmeckt man einfach! Damit kann und will ich auch gar nicht konkurrieren. Dennoch: In unserer Familie mögen alle meinen Schweinebraten. Wann immer wir Besuch aus dem Ausland haben, gibt es ein bayerisches Essen mit Schweinebraten, Knödeln und Krautsalat oder Blaukraut.

Bei einem meiner vielen Japanaufenthalte wurde ich zur Familie Tajima zum Abendessen eingeladen, meine Schwester Heidi war auch dabei. Es ist eine besondere Ehre, wenn man in Japan privat eingeladen wird, aber wir kannten die Familie Tajima schon lange und waren sehr vertraut miteinander. Ich freute mich sehr auf diesen Besuch und war gespannt, was man für uns kochen würde. Als Japan-Freak liebe ich die japanische Küche. Nachdem wir zu Tisch gebeten wurden, kam Frau Tajima aus der Küche und reichte uns voller Freude eine Schüssel Kartoffeln. Ich merkte ihr direkt an, wie stolz sie war, dass sie uns ein typisch deutsches Gericht in Japan servieren konnte. Sie hatte auch keine Kosten gescheut und sich alle erdenkliche Mühe gegeben, denn Kartoffeln sind in Japan fast so teuer wie Kaviar bei uns. Heidi rief: »Wie schön, wie wunderbar!« Auch ich lobte selbstverständlich die Kartoffeln, träumte jedoch heimlich von Tempura und Sushi.

Seit diesem Erlebnis komme ich nie mehr auf die Idee, einem Italiener Pesto oder einem Schweizer Käsefondue vorzusetzen. Bei mir gibt's nur typisch bayrische Kost, also auch einen Schweinebraten.

Kochen für einen guten Zweck mit Harry Valérien, Sepp Maier und Armin Hary

Was wäre ein richtiger Schweinebraten ohne meinen Krautsalat und Kartoffelsalat. Ich liebe Kartoffelsalat, nur kalt darf er nicht sein. Mit Schnittlauch aus dem Kräutergarten verziert, läuft einem das Wasser im Munde zusammen.

Schweinebraten

Zutaten
1 kg Schweinefleisch (Schlegel, Bug, Kotelettengrat, Halsgrat)
Salz, Pfeffer
Kümmel, etwas Knoblauch nach Belieben
⅛ l kochendes Wasser
1–2 Zwiebeln
Wurzelwerk, grob geschnitten
evtl. Knochen
Flüssigkeit

etwas Bier oder Salzwasser
1–2 TL Stärkemehl

Zubereitung
Fleisch mit Salz und Pfeffer einreiben, mit der Schwartenseite nach unten in die Bratreine legen, so viel Wasser dazugießen, dass der Boden bedeckt ist, und im Backrohr 10 bis 15 Minuten anbraten, bis die Schwarte weich ist.
Danach herausnehmen und die Schwarte rautenförmig einschneiden.
Mit Zwiebeln, Knoblauchzehen und Wurzelwerk (gelbe Rüben, Sellerie) bei 200°C mit der Schwartenseite nach oben ins Rohr schieben.
Immer wieder mit dem Bratensaft, am Schluss mit etwas Bier übergießen. Soße abseihen, mit Gewürzen abschmecken, wenn man möchte, mit etwas Soßenbinder eindicken.
Bratzeit 1 ½ Std.

Lauwarmer Kartoffelsalat

Zutaten
1 kg Kartoffeln (fest kochend); die Menge reicht für mindestens vier Portionen
Salz
Essig (weißer Balsamico)
Öl (Oliven- oder Sonnenblumenöl)
Pfeffer
1 Zwiebel
¼ l Fleischbrühe
frisch geschnittener Schnittlauch nach Belieben

Zubereitung
Das Rezept ist einfach: Kartoffeln wie ganz normale Pellkartoffeln kochen. Salz, Essig und Öl in eine Schüssel geben. Danach schneide ich die Zwiebel würfelig und dünste sie mit einem Teelöffel Butter mit der Fleischbrühe glasig.
Die Kartoffeln werden geschält und in dünne Scheiben geschnitten. Ich gieße die Zwiebelbrühe und die Essig-Öl-Marinade über die Kartoffeln, mische alles und lasse den Salat ziehen.
Zum Schluss streue ich Schnittlauch darüber. Wichtig ist, dass der Kartoffelsalat lauwarm gegessen wird.

Krautsalat

Zutaten
1 kleiner Weißkohlkopf
Salz
Pfeffer
Kümmel
250 g Speckwürfel

Zubereitung
Das frische Weißkraut schneide ich in schmale Streifen, wasche, salze und mische es und lasse es einige Stunden in einer Schüssel stehen. Als Gewürze kommen Pfeffer und Kümmel hinzu. In einer Pfanne röste ich kleine Speckwürfel an, die dann, wenn das Kraut durchgezogen ist, untergemischt werden. Schon ist der Salat fertig. Mit ihm kann man nichts falsch machen, ich kenne keinen Gast, dem er nicht gut schmeckt.

Skizirkus

Wir haben sehr unterschiedliche Kinder. Die Freude und Leidenschaft am Skifahren haben beide geerbt. Bei uns in der Familie und im freundschaftlichen Umfeld fahren alle Ski. Skier sind im Winter ein täglicher Gebrauchsgegenstand wie »Messer und Gabel«. Viele Freunde aus der Skiszene besuchen uns und automatisch drehen sich die Gespräche ums Skifahren. Wer so aufwächst, ist früh auf Schnee und Ski programmiert. Interessant ist jedoch, dass Felix unbedingt Rennen fahren wollte, während Ameli nie großes Interesse am Wettkampfsport zeigte. Sie ist zwar bis zum fünfzehnten Lebensjahr auch Rennen gefahren und war sogar bayrische Slalommeisterin, doch ihr war das Gruppenerlebnis wichtiger und nicht das Resultat. Sie nahm gar nicht wahr, ob sie nun gut oder schlecht gefahren war. Typisch für sie. Bei einem ihrer ersten Kinderrennen sah sie mich oberhalb der Ziellinie am Pistenrand stehen, daraufhin bog sie aus dem Lauf ab und fuhr freudig zur »Mama«, um mich zu begrüßen.
Ob mit oder ohne Leistungsgedanken, am glücklichsten sind wir Eltern, dass die Kinder durch den Sport eine herrliche Kindheit hatten. Der Dank gilt dabei unseren hiesigen Skiclubs und natürlich allen Sportvereinen, die den Kindern mit ihrem ehrenamtlichen Engagement ein herrliches Aufwachsen in der Gemeinschaft ermöglichen, das entscheidend positiv die Entwicklung beeinflusst und nachhaltig für ein ganzes Leben wirkt. Wenn also unsere Kinder begeistert von früher erzählen und Christian und ich merken, welch schöne und ungezwungene Jugend sie hatten, sind das für uns besonders frohe Momente.
Felix hält uns natürlich auch jetzt noch mit seinen Erzählungen aus der extremeren Welt des Spitzensports auf dem Laufenden. Trotz vieler Verletzungen und trotz des Drucks spürt man in jedem Wort seine Begeisterung und Leidenschaft für den Ski-

rennsport, die ihm derzeit alles bedeutet. Ich glaube, schöner kann man als junger Mensch seine Talente nicht ausleben.

Wenn's um Skitechnik und Material geht, darf »die Mama« nicht mitreden: »Da haben Frauen eh keine Ahnung!« Christian war und ist für Felix immer der wichtige Ansprechpartner, wenn es um Training oder auch Skientwicklung geht. Ob am Hang oder zu Hause, da findet so mancher auch kontroverse Austausch statt – bei dem Frauen sich besser nicht einmischen. Ameli und mir ist das auch nicht so wichtig, Hauptsache, unsere Skier werden von unseren »Skiexperten« gut präpariert und gewachst. Umso mehr spitze ich jedoch die Ohren, wenn Felix von der Kameradschaft unter den Rennläufern erzählt. Es ist kaum zu glauben, aber unter den internationalen Slalomfahrern herrscht trotz oder gerade wegen des medialen Drucks ein grandioser Zusammenhalt. Im Rennen gibt jeder dieser Topathleten alles und kämpft für sich und den Sieg, doch sobald das Rennen vorbei ist, wird gefeiert, miteinander gelitten und sich gegenseitig geholfen. Ich hätte nie gedacht, dass es diese Werte in der heutigen nach außen hin so extrem auf Erfolg programmierten Skiwelt noch gibt.

Felix war als Einzelkämpfer im deutschen Slalomteam in einer schwierigen Situation. Er bekam dadurch zwar eine individuelle Sonderförderung, doch motivierende Vergleichsmöglichkeiten oder altersgerechte Mannschaftserlebnisse fehlten, insbesondere während der langen Rennsaison. Nur mit seinen Trainern, mit seinem Physiotherapeuten und seinem Serviceman reiste er von Rennen zu Rennen. Jeden Trainingstag und Abend in dieser vom Altersunterschied geprägten Gemeinschaft zu verbringen war eine besondere Herausforderung für den jungen Buben.

Gott sei Dank ist Felix bei allen anderen Nationen sehr beliebt. Er hat Freunde bei den Österreichern, Schweizern, Amerikanern, Franzosen, Kanadiern, Schweden, Japanern. Er ist immer willkommen, wenn es darum geht, mit anderen Teams mittrainieren

Christian gratuliert Felix zum Slalomsieg in Kitzbühel (2010)

zu dürfen. Das ist ein Privileg und in einem vom Konkurrenzkampf bestimmten Metier ein herausragendes Zeichen von gelebtem internationalen Zusammenhalt. Felix ist von Natur kein Einzelgänger, er braucht seine Freunde und ein gleichaltriges Umfeld. Das haben ihm Julien Lizeroux aus Frankreich, Reinfried Herbst und Manfred Pranger aus Österreich, Mike Janyk aus Kanada, Ted Ligety aus USA, Jens Byggmark aus Schweden und viele, viele seiner stärksten Rivalen gegeben. Dadurch konnte er »überleben« und schwierige Phasen überstehen. In dieser Slalomszene unterstützt man sich gegenseitig und hilft sich, wenn man gebraucht wird. Als Manfred Pranger, der Slalom-Weltmeister von Val d'Isère 2009, vor dem Slalom in Kitzbühel extreme Rückenprobleme hatte, brachte Felix ihn mit seinem einzigartigen Physiotherapeuten Martin Auracher zusammen, sodass der »Manni« am nächsten Tag starten konnte. Bei Verletzungen, Material- oder medizinischen Problemen tauschen sich die Jungs aus und helfen sich. Im Sommer wohnte Mike Janyk aus Kanada zwei Wochen bei Felix, sie trainierten miteinander, tauschten Erfahrungen aus und kamen zur »Mama« zum Essen. Ted Ligety, der Riesenslalom-Weltmeister von Garmisch-Partenkirchen, wohnte mehrere Tage bei uns und wollte tatsächlich seine Wäsche selbst waschen. Das wurde natürlich von mir übernommen und sogar seine Unterhosen waren wie bei uns üblich gebügelt. Als wir seine Eltern ein Jahr später bei den Olympischen Spielen auf der Zuschauertribüne entdeckten, wurde das von ihnen eingehend gewürdigt, denn welcher Amerikaner bügelt schon seine Unterhosen.

Es wird heutzutage in den Medien immer von dem extremen und gefährlichen Skirennsport, dem »Skizirkus« gesprochen. Das hat sicher seine berechtigten Gründe. Doch gerade dieser Reiz macht ihn so spannend und interessant. Dieser Sport wird in einem alpinen Umfeld betrieben, in dem es immer schon auf Kameradschaft und Zusammenhalt ankam. Das berühmte Wort der »Bergkameradschaft« mag abgedroschen klingen, vielleicht steht es aber für das beschriebene Phänomen. Das ist auch der Grund, weshalb ich mich bei den häufig gestellten kritischen Fragen stets zum Rennsport bekenne. Ich sehe objektiv die Gefahren und das Überschreiten von Grenzen. Es liegt an den Fachleuten, diese so einzugrenzen, dass ich mich als Mutter und Skifan an den schönen Seiten dieses Sports freuen kann und nicht bei jeder schnellen Kurve den Atem anhalten muss. Ich empfehle allen Eltern, ihre Kinder ins Skitraining zu schicken und sie zu richtig guten Skifahrern ausbilden zu lassen. Ski fahren kann man bis ins hohe Alter. Je besser man fährt, desto schönere Erlebnisse liefert dieser Sport. Dabei ist es unerheblich, ob man es in den Weltcup schafft oder »nur« zum Normalskifahrer. Die Freude an den Schwüngen ist die gleiche und ermöglicht einem ein reicheres Leben.

Speckmessen

1968 lud mich der japanische Skiverband für drei Wochen zu einem Kulturaustausch und Frühjahrsskirennen nach Japan ein. Ich war gerade achtzehn und freute mich riesig auf die weite Reise und auf neue, spannende Eindrücke. Auf dem Münchner Flughafen – damals war er noch in Riem – traf ich die österreichischen Skirennläufer »Heini« Messner (Bronzemedaille 1972 in Sapporo beim Abfahrtslauf) und Rudi Sailer (den Bruder Toni Sailers). Österreichische Skiläufer waren für die Japaner die großen Vorbilder und Toni Sailer wurde geradezu »vergöttert«. Die beiden waren viel älter als ich und ich kannte sie nur flüchtig aus dem Weltcup. Mein Vater ermahnte sie am Terminal: »Passt auf die Rosi auf. Die ist das erste Mal allein so weit weg von zu Hause.« Danach drückte er mir noch einen Zettel mit der Telefonnummer der Deutschen Botschaft in Tokio in die Hand: »Wenn du ein Problem hast, dann rufe dort an, die helfen dir.« Diese Reise werde ich nie vergessen. Wir landeten in Tokio und mussten sofort in eine andere Maschine nach Osaka umsteigen. Das war mit einem Wechsel vom internationalen Ankunftsbereich zum nationalen Abflugterminal verbunden. Kurz vor dem Übergang suchte ich noch schnell eine Toilette. Die typischen Figuren auf den Hinweisschildern halfen mir dabei. Beim Verlassen wollte ich wieder zurück zu den Terminals, doch jetzt entdeckte ich nur Hinweisschilder mit japanischen Schriftzeichen. Hinweise in Englisch fand ich keine, da zur damaligen Zeit noch nicht viele Europäer national flogen. Bei meinem Umherirren marschierte ich deshalb versehentlich aus dem Transitbereich hinaus, nur mit meinem Flugschein in der Hand, dem Reisepass und einer kleinen Handtasche. Als ich schließlich vor der Halle stand, stellte ich fest, dass ich den japanischen Zoll passiert hatte und nach Japan eingereist war. Katastrophe – mehr konnte ich in diesem Moment nicht denken. Um mich ragten Gebäude auf, eines sah genauso aus wie das andere. Nirgendwo fand sich auch nur ein kleines Schild, das mir hätte erklären können, wo der Anschlussflug nach Osaka auf mich wartete. Ich hoffte, dass Rudi Sailer und Heinrich Messner mich suchen würden. Nur wie sollten sie mich finden?

Wer in Japan – besonders in der damaligen Zeit – schon einmal versucht hat, ohne große Englischkenntnisse zu erklären, wohin man will und was man sucht, der weiß, unter welchem Druck ich stand. Meine Ansprechpartner verstanden gar nichts und nur dank ausufernder Gesten fand ich schwitzend und nervlich am Ende zum Ausgangspunkt zurück. Ohne meine österreichischen Freunde wäre ich allein in Tokio zurückgeblieben. Anscheinend zog der Name »Sailer« so stark, dass das Flugzeug nach Osaka tatsächlich zwanzig Minuten wartete, bis ich auftauchte.

Uns drei Europäern wurde in den drei Wochen unglaublich viel gezeigt. Kyoto, die alte Kaiserstadt mit den vielen Tempeln, die ehemalige Hauptstadt Nara mit dem großen Buddha, die lebendige Millionenmetropole Osaka mit den unzähligen kleinen Gärten und Tempeln. Wir hatten das Glück, zur Zeit der Kirschblüte da zu sein, schöner konnte sich Japan nicht präsentieren.

Die Skirennen fanden im Osten der Hauptinsel Honshu statt, in der Nähe der Stadt Tateyama. Doch sie waren Nebensache. Ich staunte eher über die hoch aufschießenden Geysire und nutzte

Freundschaft mit meinem japanischen »Ebenbild«

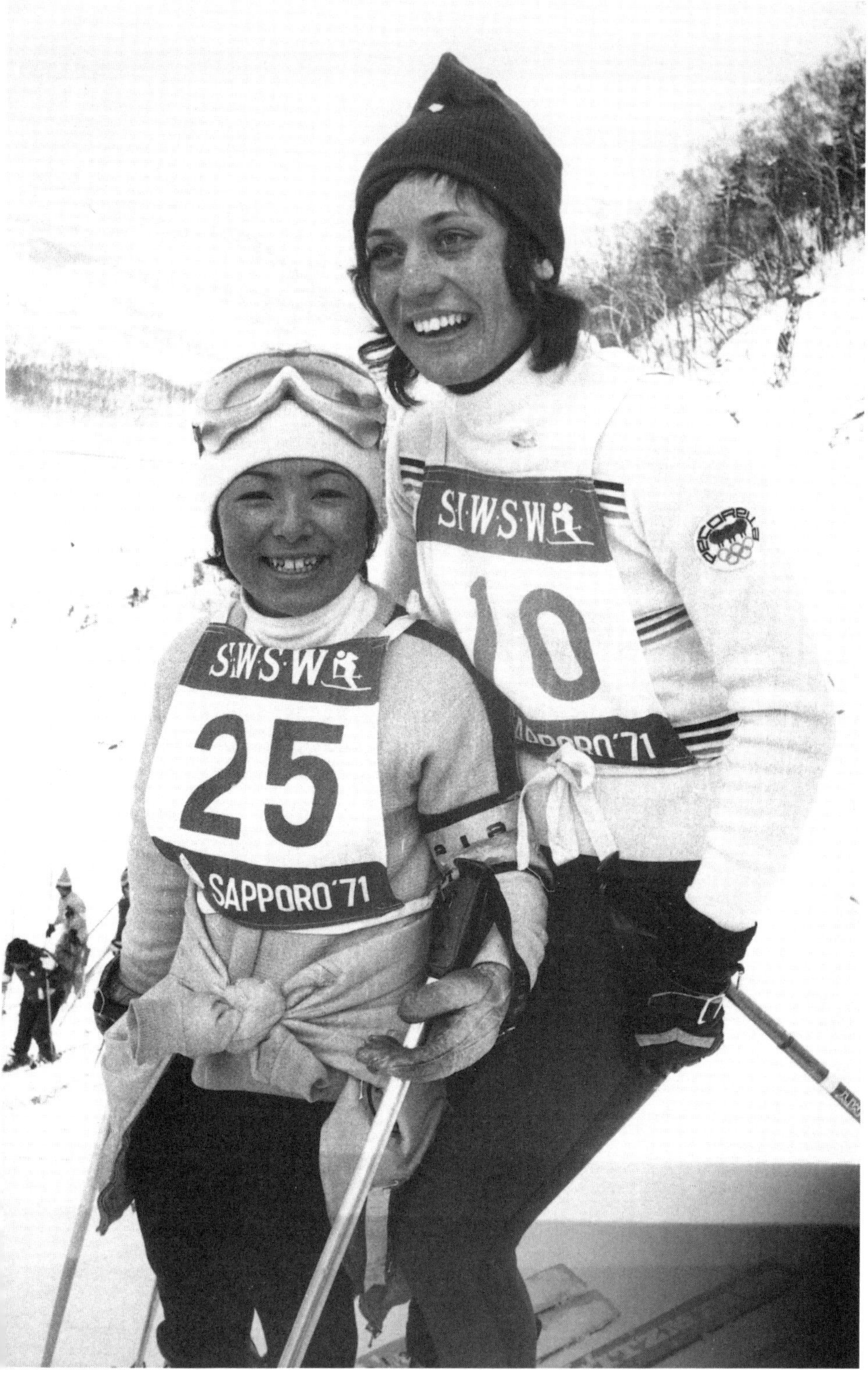
S·W·S·W
25
SAPPORO'71
S·W·S·W
10

jede freie Minute, um die japanische Badekultur zu genießen. Überall sprudelten heiße Quellen, die Onsen, aus dem Boden und speisten die Ofuros, die Familienbäder, mit ihrem Wasser. Noch heute träume ich von einem eigenen Ofuro nach japanischem Muster. Wir schliefen in Berghütten auf Matten und wurden jeden Abend mit weiteren kulturellen Traditionen der Japaner vertraut gemacht.

Mit der Einladung nach Japan war, neben den Skirennen und dem kulturellen Programm, auch Unerwartetes verbunden. Mit einer Größe von 162 Zentimetern besaß ich eine Figur, die exakt der einer Durchschnittsjapanerin entsprach. Da ich mit einem Körpergewicht von 54 Kilogramm eher zierlich war, mutete mein Knochenbau geradezu japanisch an. Außerdem lachte ich viel und entsprach somit dem europäischen Ebenbild einer japanischen Frau. Das brachte die skiverrückten Japaner auf die Idee, im Vorfeld der Olympischen Spiele von Sapporo 1972 ein Experiment zu wagen. Die Protagonistin sollte ich sein.

Es müsste doch möglich sein, so dachte man sich in Japan, hinter das Geheimnis meiner Erfolge zu kommen, man müsste mich nur genügend beobachten, filmen und möglicherweise auch vermessen, um die gewonnenen Erkenntnisse auf die eigenen Läuferinnen anzuwenden. Ich musste lächeln, als ich das mitbekam. Eine wissenschaftlich erforschte Rosi Mittermaier, mit deren Daten man japanische Skirennläuferinnen klonen wollte – ich kam mir vor wie ein Nagetier unter Laborbedingungen.

»Na ja, warum nicht«, sagte ich mir schließlich. Vielleicht würde ich ja noch etwas Neues über mich erfahren.

Das Experiment begann gleich nach meiner Ankunft in Osaka. Jeder Schritt, den ich machte, wurde gefilmt. Man sah mir zu, wie ich meine Skischuhe anzog, wie ich sie wieder auszog, ließ sich das Material erklären (damals noch Lederschuhe, die außen plastifiziert waren), wie ich meine Skier wachste (da konnten sie wenig lernen!), wie ich auf ihnen stand, was ich aß und wie

meine Startvorbereitungen aussahen. Nichts blieb dem japanischen Kameraauge verborgen. Ich merkte wahrscheinlich gar nicht, wo ich überall beobachtet und analysiert wurde.
Eines Tages fragte man mich, ob man mich auch medizinisch untersuchen dürfe. Da mich alle so freundlich behandelten und ich, ehrlich gesagt, auch nicht den tieferen Sinn erkannte, willigte ich ein. Man brachte mich in eine Uniklinik nach Tokio. In einem der Gebäude war ein Fitnesscenter und ich sah mich schon an den einzelnen Stationen trainieren. Doch nichts dergleichen wurde verlangt. Stattdessen musste ich mich bis auf meine Unterwäsche ausziehen und ein Arzt kam mit einer Zange auf mich zu. Er zwickte an allen möglichen Stellen meines Körpers die Hautpartien zusammen. Hüfte, Arme, Fußgelenk, Unter- und Oberschenkel, alle Zwickdaten wurden säuberlich in eine Tabelle geschrieben. Speckmessen nannte ich die Prozedur. Die japanischen Sportwissenschaftler wollten anscheinend wissen, wie viel Speck ich auf meinen Rippen hatte.
Ich kann es nur vermuten, aber eigentlich muss das Ergebnis für die Japaner sehr enttäuschend gewesen sein, denn an meinem Körper gibt es nichts Besonderes. Ich weiß ja von unseren eigenen Untersuchungen, dass ich eine völlig normale Muskulatur und keine sportlich vorteilhaften Anomalien aufzuweisen habe. Selbst bei den Reaktionstests war ich genauso schnell oder langsam wie jede andere junge Frau in meinem Alter. Es gab kein Rosi-Mittermaier-Geheimnis. Ich war über dieses Ergebnis dankbar und keineswegs erstaunt, etwas anderes hätte mich eher irritiert. Als Geschenk für meine Freundlichkeit bekam ich eine wunderschöne Perlenkette. Ich war total glücklich darüber, denn meine Mutter liebte Perlenketten und so hatte ich das beste Mitbringsel für sie. Japan hatte mich fasziniert, besonders die Gastfreundschaft der Menschen hat mich tief beeindruckt. Glücklicherweise wurde ich oft in dieses Land der aufgehenden Sonne eingeladen.

Die Geschichte hatte ein Nachspiel: Vier Jahre später bei den Olympischen Winterspielen 1972 in Sapporo studierte mein Coach Klaus Mayr beim gemeinsamen Training intensiv die japanischen Läuferinnen. »Rosi«, rief er, »schau dir mal die Japanerinnen an. Was fällt dir auf?« Tatsächlich, das gesamte japanische Mädchenteam hatte in etwa meine Größe. Auch die Fahrweise mit dem zackigen »Popowackeln« war erkennbar. Ich wusste damals zwar noch nicht, was Klonen bedeutet, doch hier fuhr eindeutig das Ergebnis meiner Japanreise.

S

T Teatime mit Nymphenburg

Seit Generationen gibt es in Christians Familie eine »heilige Stunde«: Teatime oder, wie wir sagen: »Teele trinken!« Wir alle versuchen, sie so gegen 16 bis 17 Uhr einzuhalten und zu Hause zu sein. Irgendwie hat sich der Körper schon darauf eingestellt, er wird kribbelig und will seinen Tee haben. Wie früher bei der Großmutter Nonnenbruch wissen die Kinder oder Freunde, dass es um diese Zeit im Hause »Neureuther« einen Treffpunkt gibt, der einen entspannen und gut in den Abend hineingleiten lässt. Man tankt geistig und körperlich auf und stärkt sich nochmals bis zum Nachtessen.
»Teele trinken« ist eine Zeremonie. Dafür gibt es einen speziellen Nachmittagstee: »Schrader Nr. 5«. Die Omi hatte schon in den Fünfzigerjahren das sehr kalkhaltige Werdenfelser Wasser getestet und sich diesen Tee empfehlen lassen. Der »5er« wird wirklich nur am Nachmittag getrunken. Am Morgen gibt es »Schrader Nr. 2«. Niemals darf ein Tee aus »Beuteln« getrunken werden. Er wird regelmäßig neu bestellt, damit er frisch schmeckt. Die Teeblätter werden lose in die große vorgewärmte

(!) Kanne gegeben und »einfach drinnen« gelassen. Ohne Sieb wird der Tee nach einigen Minuten ziehen ausgeschenkt. Die Teeblätter, die dabei in die Tasse gespült werden, gehören dazu. Es gibt zwar im Haushalt mehrere, auch sehr edle Teesiebe, die stehen jedoch nie am Tisch. Der Gast muss das akzeptieren.
Manchmal versuche ich, den Tee abzugießen, damit er nicht zu stark wird. Ich weiß nicht, wie und weshalb, Christian merkt es jedes Mal und moniert heftig.
Tee schmeckt bei uns nur aus Porzellantassen oder besser gesagt aus Nymphenburger Porzellantassen. Das ist eine weitere unumstößliche Regel, die ich lernen musste. Eine Keramiktasse wäre Kulturfrevel! Christians Ururgroßvater war Direktor der Nymphenburger Porzellanmanufaktur, daher kann man das vielleicht noch verstehen. Das schwerwiegendere Argument ist jedoch, dass dieses Nymphenburger Service aus dünnstem Porzellan ist und dadurch der Tee besser schmeckt, es wirkt edler und man kann den Tee besser genießen. Nach über dreißig Jahren im Hause Neureuther denke ich inzwischen auch so.
Tassen und Teller dürfen nie in der Spülmaschine gewaschen werden, sondern nur mit der Hand, sonst wird die Glasur trüb. Die Teekanne darf nur außen mit Spülmittel gereinigt werden, niemals innen, sonst verliert der Tee seinen Geschmack.
Wenn Gäste da sind, gibt Christian gerne einen Teespruch zum Besten, bei dem es darum geht, in welcher Reihenfolge die Tassen eingeschenkt werden: »Die erste Tasse dem Feind, die zweite dem Freund, die dritte sich selbst.« Soll heißen, dass die erste wegen des hohen Wasseranteils und den Teeblättern die schlechteste ist. Die zweite schmeckt schon besser, doch die dritte, die ist die aromatischste und beste. Ich kann versichern, dass Christian immer sich selbst die erste Tasse einschenkt.
Wir im Hause Neureuther würden nie auf die Idee kommen, dass wir beim Tee einen »Tick« haben. Christian meint, das sei Kultur!

Lange vor unserer Hochzeit gewöhnte ich mich als junges Mädchen an diese Gepflogenheit. Mir gefiel diese Art »Einkehrschwung«. Zum Tee gibt ja auch immer eine Kleinigkeit zum Naschen. Ein Knäckebrot mit Honig oder an besonderen Tagen sogar ein Eibrot. Die Rohrnudeln fanden durch mich in die Familie. Wir essen sie frisch aus dem Ofen und auf Christians spezielle Art: mit Butter und selbst gemachter Marmelade.

Technik

Wir sind ja alle vom »lieben Gott« mit Stärken und Schwächen ausgestattet. Innerhalb dieser Kategorien gibt es dann noch Steigerungsformen, die bis zur göttlichen Strafe, zur Vorsehung ausarten können. Irgendwie habe ich beim Verteilen von technischem Verständnis nicht »Hier« gerufen. Mir passieren Dinge, die man rational nicht erklären kann. Auf mich wirken außerirdische Einflüsse, für die selbst ein Physiknobelpreisträger keine Erklärung hätte. Aber erklären Sie das mal meinen Kindern oder meinem Mann. Ich weiß, dass ich nicht schuld bin, ich weiß, dass ich technisch eigentlich richtig gut bin, und ich weiß, dass ich nichts, aber auch gar nichts dafür kann, dass mein Handy nie funktioniert. Allein schon dieser PIN-Code, nur zweimal darf man ihn falsch eingeben, zweimal, wo ich heutzutage mindestens zehn PIN-Codes auswendig wissen muss. Beim dritten Mal verlangen die dann glatt einen PUK. Was ist das schon wieder? Ach ja, den kenne ich vom Eishockey!

Okay, irgendwann bekomme auch ich eine Leitung, aber nur sehr kurz, denn die Batterie ist zu schwach und das Handy schaltet von selbst ab, es lag zwei Wochen ungenutzt in der Küche.

Da ich zu Weihnachten ein Seniorenhandy mit großen Tasten und zwei Funktionen »Telefonieren und Telefonate annehmen«

bekommen habe, passt nur ein spezielles Ladegerät. Ich probiere alle auffindbaren im Haus, die jedoch nur auf iPhones oder iPads passen. Ich hatte das Ladegerät hundertprozentig in der Küchenschublade, es kann also nur sein, dass Ameli mein Ladegerät mit nach Berlin genommen hat.

Macht nichts, Christian ist handysüchtig, da nehme ich in der Not seins. Das steckt wie immer in seiner Hosentasche: Wie ungesund!

Christian telefoniert andauernd, besonders beim Autofahren. Irgendwann komme auch ich mal dran. Kaum habe ich sein Handy in der Hand: kein Empfang. Christian ruft: »Gib mir mal«, wunderbarer Empfang. Er wählt für mich Heidis Nummer in Reit im Winkl und reicht mir das Gerät: »Siehst du, geht doch.« Ich nehme das Handy und sage: »Servus, Heidi, die Rosi ist da«, keine Antwort. Was ist jetzt wieder? Es ist zum Verrücktwerden. Ich blicke aufs Display und entdecke eine Landkarte mit Straßen und einem fahrenden Punkt. Mir wird männlich erklärt, dass ich zu blöd zum Telefonieren sei und mit meinen Fingern am Display das Gespräch beendet und die Google-Karten-App aufgerufen hätte.

Ich bin mir absolut sicher, dass mich dieses neumodische Zeug nicht mag und dass überhaupt alles ungerecht ist, weil ich beim Aussteigen aus dem Auto die Tür nicht aufbringe, mir das Handy auf den Boden fällt und ich in meiner Handtasche das Ladegerät für mein Seniorenhandy finde.

U Überlebenstraining Nähmaschine

Meine Mutter war eine Frau, die sich in jeder Beziehung zu helfen wusste. Sie konnte nicht nur Seifen herstellen, sondern auch großartig nähen. Mit diesen Stärken brachte sie ihre Familie durch den Zweiten Weltkrieg und durch die nicht weniger schwierige Nachkriegszeit. Nach der Schule hatte sie in München Kürschnerin und Weißnähen gelernt, doch sie war nicht nur in der Lage, Pelze zu fertigen, sondern nähte ebenso leicht Kleider, Hosen und Hemden.

Diese Fähigkeiten wollte sie natürlich auch ihren drei Töchtern weitergeben. Sie schenkte uns Stoffe und Schnittmuster und ermutigte uns zum Nähen. Mit ihrer Hilfe bekamen wir eine solide Grundausbildung.

Als ich heiratete, schenkte sie mir eine elektrische Nähmaschine mit den Worten: »Jede Ehefrau braucht eine Nähmaschine.« Sie war handlich, aber dennoch eine Profimaschine, die auch in der Meisterschule für Mode zum Einsatz kam.

So eine Maschine begleitet einen durchs Leben. Die Einsatzmöglichkeiten sind vielfältig. Alle Änderungswünsche der Fami-

Bei meinem Lieblingshobby

Ulie konnte ich erfüllen. Zur Freude von Oma zeigte Ameli schon früh die anscheinend vererbte Leidenschaft für Mode und damit automatisch auch für diese Nähmaschine. Ich kann mich daran erinnern, dass Ameli schon als Kleinkind ein ungewöhnliches Interesse an Kleidern und schönen Outfits zeigte. Irgendwie war ihr Weg zur Modedesignerin vorgezeichnet. Es gab nie einen Zweifel an dieser Berufung. Entsprechend verlief die Ausbildung über das Fachabitur und die Internationale Modeschule ESMOD bis zu Ausbildungen in England und den USA.
Bei all diesen Lebensstationen begleitete Ameli »ihr Schätzchen«, wie sie die Nähmaschine liebevoll nennt, und sie wird sie auch weiterhin begleiten und immer an ihre Großmutter erinnern. Somit ist die »Oma« noch heute ein Teil von Amelis Leben und verhilft ihr bei jedem »Stich« zu Anerkennung und Erfolg.

V Von Gold, Gold, Silber

Ich werde oft gefragt, wie sich der Moment anfühlte, eine Goldmedaille zu bekommen, wie das gewesen sei, »da oben zu stehen«. Meine Antwort: »Mir war es eher peinlich.« Ich kann verstehen, dass man das nicht glauben will, denn aus dem Blickwinkel des Zuschauers sind auch für mich Siegerehrungen das Schönste und Emotionalste, was es im Sport gibt. Selbst mir kommen in solchen Augenblicken die Tränen, obwohl ich nicht zur Melancholie neige. Aber 1976 war alles anders. Zwar lag zwischen Wettkampf und Siegerehrung ein ganzer Tag, doch durch Fahrten zum Training, Teambesprechungen und Pressetermine war ich noch nicht zur Ruhe gekommen. Das Protokoll einer Siegerehrung raubte mir den Atem. Unbekannte Menschen schwirrten um mich herum und machten sich wichtig. Ich bekam genau gesagt, was ich anzuziehen und wann ich im Olympiaeisstadion zu erscheinen hatte, welche Wege ich gehen sollte, wo ich stehen bleiben musste, wo ich hinsehen musste, wo sich die Fotografen befinden würden, wann das offizielle Foto gemacht würde und, und, und … Ich war ganz allein, wie abgeschnitten von meiner normalen Umgebung, in einer irrealen Welt. Alle meine Freunde, meine Schwester und Christian saßen irgendwo im Stadion, doch so sehr ich auch suchte, ich konnte niemanden finden. Dann ertönte die Fanfare und wir schritten ins Stadion. Alle Blicke, das spürte ich, waren auf mich gerichtet. Natürlich war das ein erhebender Moment, ich war auch glücklich und froh, allerdings nicht so, wie ich es mir erträumt oder vorgestellt hatte. Ich dachte an den sonnigen Renntag zurück, als wir mit der Mannschaft und den Trainern früh am Morgen zum »Hoadl« hinaufschwebten und uns auf das Rennen vorbereiteten. Die Freude, das Skirennen zu fahren, war mein Glücksmoment, den ich voller Dankbarkeit Revue passieren ließ. War das nun wirklich der Moment, auf den ich jahrelang hingearbeitet hatte?

Als nicht einmal Achtzehnjährige war ich das erste Mal bei Olympischen Spielen, das war 1968 im französischen Grenoble, wo Jean-Claude Killy alle drei Goldmedaillen gewann. Ich war tief beeindruckt von der Atmosphäre, vom olympischen Dorf und dem ganzen Drumherum. Alles musste ich mit meiner Kamera festhalten, nichts wollte ich auslassen. Da ich nicht als Favoritin galt, war ich viel aufnahmebereiter und entdeckungsfreudiger als später. Ich besuchte jedes Eishockeyspiel und erlebte Kilius/Bäumler und die Protopopows live im Stadion.

Vier Jahre später, 1972 in Sapporo, handelte mich die Presse als eine der Favoritinnen mit Medaillenchancen in allen drei Disziplinen. Die Erwartungshaltung war dementsprechend groß. Olympia zog mich sofort wieder in seinen Bann! Bei der Eröffnungsfeier lief ein kleines schwarzhaariges japanisches Mädchen im weißen Kleid mit der brennenden Fackel auf Schlittschuhen durch das weite Rund des Eisschnelllaufstadions und entzündete das olympische Feuer. Welch einfache Choreografie und welch unvergleichliche Wirkung! Ich war fasziniert und bis heute ist diese Inszenierung der unvergesslichste Augenblick der vielen

Mein großer Glücksmoment!

Eröffnungszeremonien, die ich live oder im Fernsehen erleben durfte.
Japan, sein Volk und seine Kultur, ist »mein« Land. Ich drücke immer den »Japanern« die Daumen und der Tsunami und das Unglück von Fukushima machten mich tieftraurig. Anscheinend beruht diese Liebe auf Gegenseitigkeit, denn 1972 wurde ich von Liebesbekundungen der japanischen Fans geradezu überschüttet. Wo ich hinkam, begrüßten mich Japanerinnen und Japaner mit Geschenken. Im Land des Lächelns war ich mit meiner Körpergröße und meiner Lebensart wie eine von ihnen. Ich ver-

suchte, so viel wie möglich von dieser Freundlichkeit zurückzugeben, und sah Olympia eher »japanisch« als wettkampfmäßig. Die Medaillenerwartung wurde nicht erfüllt, der sechste Platz in der Abfahrt war meine beste Platzierung.

1976 stand ich also nun vor dem »Podest«, hörte meinen Namen und den Jubel der Zuschauer. Der Chef des Nationalen Olympischen Komitees, Willi Daume, hängte mir die Medaille um und die deutsche Nationalhymne wurde gespielt. Nur für mich!? Neben mir auf Platz zwei stand Brigitte Totschnig (Österreich) und auf der anderen Seite, auf Platz drei, Cindy Nelson (USA). Die beiden waren eigentlich viel besser in der Abfahrt als ich. Ich konnte keine Träne vergießen, ich dachte nur: »Rosi, endlich hat es geklappt, welches verdammte Glück hast du gehabt! Das passiert nur wenigen, warum ausgerechnet dir?« Ich dachte an meine Eltern und an Evi, die am Start noch von meiner Bestzeit erfuhr und mit Freudentränen in den Augen ihr Rennen bestreiten musste. Ich wollte die Medaille nicht für mich allein, sondern wollte sie in diesem Moment mit allen teilen, die mir immer so geholfen und mich unterstützt hatten. Die Zeremonie lief wie im Zeitraffer dahin und irgendwie empfand ich die Situation als völlig unwirklich. Ich konnte überhaupt nicht wahrhaben, was da um mich herum ablief, und war froh, als mich mein Trainer, Klaus Mayr, Evi und die anderen Mädchen im Teamfahrzeug in Empfang nahmen und in meine gewohnte Umgebung, ins olympische Dorf brachten.

Bei der zweiten Medaille im Slalom konnte ich schon gelassener reagieren. Die Einweisungszeremonie des Protokollchefs ließ ich aus. »Lasst mir meine Ruhe, ich weiß Bescheid«, rief ich den Betreuern zu, als wollte ich mir dieses Mal die wunderbaren Gefühle einer solchen Siegerehrung nicht mehr entgehen lassen. Ich betrat nun bekanntes Terrain und konnte dadurch das Geschehen besser auf mich wirken lassen. Ich entdeckte meine Mannschaftskolleginnen und Freunde und konnte zurückwin-

Abfahrtslauf bei den Olympischen Spielen in Innsbruck (1976)

ken, weil ich wusste, wo sie saßen. Ich hatte meine mir wichtige Verbindung zur Außenwelt und nahm bewusst die Schönheit des Augenblicks wahr. Zum Abschied riefen mir die Hostessen zu: »Hoffentlich sehen wir uns wieder!«
Beim dritten Mal war alles ganz leicht. Kathy Kreiner aus Kanada hatte völlig überraschend die Goldmedaille im Riesenslalom gewonnen. »Gott sei Dank steht heute eine andere ganz oben auf dem Siegertreppchen«, dachte ich mir. Es war fast eine Erleichterung, jetzt eine andere im Fokus der Ehrung zu sehen und mich einreihen zu können.
Alle hatten auf mein drittes Gold gewartet und darauf spekuliert. Zum ersten Mal war ich nervös vor diesem Riesenslalom gewesen. So etwas kannte ich gar nicht bei mir. Sonst genoss ich

immer diese prickelnden Momente vor dem Start. An diesem Tag fühlte ich mich anders als in Hunderten Rennen davor. Eigenartigerweise kann ich mich noch heute, über fünfunddreißig Jahre danach, genau an dieses Rennen erinnern. Jedes Tor und jede Situation habe ich vor meinen Augen. Ich höre die Zuschauer rufen und jubeln. Ich höre meine Zwischenzeit: »Neue beste Zwischenzeit, fünf Zehntelsekunden vor Kathy Kreiner!« Normalerweise bekommt man so etwas in einem Riesenslalom gar nicht mit.

Bei der Rechtskurve in den Zielhang, als ich viel zu gerade auf das Einfahrtstor zufuhr, unterlief mir ein entscheidender Fehler. Ich spüre noch heute, wie ich mich bei den anschließenden sechzehn Toren bis zum Ziel verkrampfte. Kathy Kreiner lag vorn und ich lag zwölf Hundertstel hinter ihr auf Platz zwei. Ich konnte gar nicht glauben, dass ich mit diesem groben Fehler immer noch Zweite war. Vor den Spielen wäre ich mit einer Silbermedaille mehr als happy gewesen. Jetzt aber stürmten alle Journalisten und Medienvertreter auf mich ein und fragten, ob ich sehr enttäuscht sei über »Silber«. Niemand beglückwünschte mich oder gratulierte mir. Stattdessen immer dieselbe Frage: »Wo haben Sie das dritte Gold verloren?« War ich im falschen Film? Ich hatte in meiner Laufbahn noch nie einen Weltcup-Riesenslalom gewonnen, nicht einmal einen zweiten Platz hatte ich erreicht. Und jetzt das! Selbst meine Trainer wirkten bedrückt. Mir war's egal. Ich war sehr glücklich. Ich freute mich von Herzen für Kathy Kreiner, die vor Innsbruck wegen ausbleibender Erfolge eigentlich schon ihre Karriere beenden wollte. Sie stand eher unbeachtet im Ziel, alles stürzte auf mich ein. Ich wurde mit Blumensträußen überhäuft, weil wahrscheinlich alle gedacht hatten, ich würde Gold gewinnen. Ich schenkte Kathy einen Frühlingsstrauß mit Tulpen und der Drittplatzierten Danièle Debernard (Frankreich) einen mit Gerbera und Rosen.

An meinem sechzigsten Geburtstag kam Kathy Kreiner als Überraschungsgast aus Kanada zu meiner Feier nach Garmisch-Partenkirchen. Wir sind zusammen in die Axamer Lizum gefahren und auf grünen Wiesen zwischen weidenden Kühen den Riesenslalomhang hinaufgestiegen. Wir haben von den alten Zeiten erzählt und Fotos von damals ausgetauscht. Diese Begegnung und die sportliche Verbundenheit hat mir wieder vor Augen geführt, dass Freundschaften und faires Miteinander wichtiger sind als Hundertstelsekunden oder Siege.

W Weihnachten

Weihnachten bedeutet für uns christlich geprägte Menschen eine heilige Zeit. Weihnachten liegt am Ende des Jahres, am Zeitpunkt der Sonnenwende. Es ist somit ein wunderbarer Moment, zusammenzukommen, aneinander zu denken und sich eine Freude zu machen. Es ist ein Familienfest, das die Werte des Lebens in den Mittelpunkt rückt und daher auch so gefeiert werden sollte. Eine Familie ist der wichtigste Halt im Leben, an Weihnachten kommen wir alle zusammen, feiern und singen dankbar: »O du Fröhliche!« Leider übertüncht in unserer Zeit der Kaufrausch diesen eigentlichen Sinn des Festes. Auch wir machen da mit, versuchen aber dennoch, auch die wertvollere Seite dieses »Großereignisses« zu leben. Die Freude über die Geburt Christi zeigt sich in meinen Augen nicht an der Höhe des Preisschildes, sondern an der Stärke und Kraft der damit verbundenen Gedanken.

Im Mittelpunkt unseres Weihnachtsgeschehens steht die Krippe. Der alpenländische Brauch des Krippenspiels und Krippenbauens hat uns von Kindheit an begleitet und findet seinen Höhe-

Unsere Krippe

Wpunkt im Aufstellen der Krippe am 24. Dezember. Christian und ich schenken uns eigentlich nichts, doch jedes Jahr steht vom Christkind, das Christian heißt, eine neue Figur in unserer Krippe. Sie stammt vom unvergleichlichen Schnitzer Sebastian Pfeffer aus Mittenwald, der im Laufe seines Lebens auch eine Vielzahl an Häusern und Kirchen in Deutschland, Österreich und Südtirol als »Lüftlmaler« ausgeschmückt hat. Durch seine Berufung und seine Persönlichkeit versinnbildlicht er die volkstümliche Schnitzerei. Der »Wascht« weiß, dass Christian an Weihnachten vorbeikommt. Der Besuch in seiner Werkstatt und das damit verbundene Gespräch über die Werte unserer Zeit gehören dazu und sind wichtig und gut.

Jede seiner Figuren ist ein Unikat, hat seine eigene Ikonografie. So schleppt sich in unserer Krippe ein kräftiger, fast nackter Mann mit einem schweren zusammengerollten Teppich auf den Schultern zum Stall von Bethlehem. Auf dem Teppich sitzt ein Affe, der den Mann noch tiefer gebeugt gehen lässt. Diese Figur symbolisiert, dass bei Menschen, die eh schon stark unter der

Last des Lebens leiden müssen, meist noch zusätzliche Sorgen hinzukommen. Das Tröstliche ist, dass dem Menschen, der zu Jesu an die Krippe findet, alle Sorgen und Nöte abgenommen werden: »Denn der Heiland ist geboren.«

Die zentralen Figuren einer Krippe, also Maria und Joseph, das Jesuskind, Ochs und Esel sowie Hirten und Schafe, waren der Beginn unserer Familienkrippe. Inzwischen mussten wir aus Platzgründen eine größere Unterlage bauen, auf der dann mit Moos, Steinen und Wurzeln eine idealisierende Landschaft gebaut wird. Auf unseren Bergtouren halten wir ständig Ausschau nach geeigneten Materialien für die Krippe und bringen sie nach Hause. Das Moos sammeln wir im Herbst bei Wanderungen durch den Wald, es wird n getrocknet, in einem speziellen »Zwiebelschneider« zerkleiner d so verstreut, dass die Figuren gut stehen können. Eine der Lieb sszenen in unserer Krippe ist ab Mariä Lichtmess, am 2. Fe ar, »die Flucht«. Die meisten Figuren verschwinden und die ippe wird so umgestaltet, dass Maria nun auf dem Esel sitzt, da suskind im Arm hält, und Joseph, der Zimmermann, nebenhe ht und den Esel führt. Wilde Tiere begleiten die »Heilige Fam « nach Ägypten, der Teufel lugt deprimiert hinter einem para schen Apfelbaum hervor, von dem sich ein Engel schützend au e Gruppe herabbeugt.

Wie alle Rituale rund um den 24. Dezember bleibt auch das Weihnachtsessen stets unverändert: Unser Weihnachtsmenü hat es schon bei den Großeltern gegeben und wird es wahrscheinlich bei unseren Enkeln immer noch geben. Wir beginnen mit Lachs, danach gibt's Rehrücken mit Blaukraut und Spätzle und als Nachtisch einen selbst gemachten Obstsalat. Der geht schnell und ist gesund.

Rehrücken

Zutaten für vier Personen
1 Rehrücken, ca. 1,5 kg
Salz
Pfeffer
200 g geräucherten Speck in Scheiben
Wildfond
¼ l süße Sahne

Zubereitung
Rehrücken enthäuten, mit Salz und Pfeffer einreiben und mit den Speckstreifen belegen.
Im vorgeheizten Backofen zuerst bei 220°C 5 bis 10 Minuten anbraten und dann weiter bei ca. 80°C etwa 40 bis 50 Minuten rosa braten. Ab und zu begießen.
Bratensatz mit Wildfond und mit einem »Schuss« Rotwein ablöschen, mit der Sahne binden und mit einem Esslöffel Preiselbeerkonfitüre abschmecken.

Nach dem Essen wartet das »Christkind« und alle sind etwas ungeduldig, bis Christian mit der kleinen Glocke läutet und wir endlich ins festlich geschmückte Weihnachtszimmer eintreten dürfen. Dann singen wir alle Weihnachtslieder, die wir noch auswendig können – meistens also nur die erste Strophe. Das ist schade! Dieses Jahr nehme ich mir fest vor, die Liedertexte zu kopieren, entsprechend zu gestalten und der Familie unter den Christbaum zu legen, damit wir endlich mal textsicher sind. Das wäre ein ideales Weihnachtsgeschenk! Anschließend legen wir unsere geliebte Weihnachts-CD mit der echten Volksmusik auf und lassen die Schönheit des Augenblicks auf uns wirken.

Als süßen Weihnachtsgruß hat uns Marianne auch ihre Schokoladen-Gewürzschnitten hingestellt. Sie weiß, dass die ebenfalls unentbehrlich zu Weihnachten gehören.

Schokoladen-Gewürzschnitten

Zutaten
250 g Butter
250 g Zucker
6 Eier
250 g gemahlene Haselnüsse
1 TL Rum
1 TL Zimt
1 TL Nelken
1 TL Piment
250 g Schokolade, davon ⅓ Vollmilch-, ⅓ Sahne-, ⅓ Bitterschokolade
100 g Mehl
1 Messerspitze Backpulver
Johannisbeergelee
Schokoladen-Kuvertüre (dunkel)

Zubereitung
Butter, Zucker und Eier schaumig rühren, danach die Haselnüsse mit den Gewürzen in die schaumige Masse einrühren.
Die Schokolade zerlaufen lassen und ebenfalls zur Masse geben. Mehl und das Backpulver unterrühren und zum Schluss alles auf einem Blech verstreichen.
Bei 150°C ca. 30 Minuten backen.

Aus dem Ofen nehmen und ein wenig abkühlen lassen. Johannisbeergelee nicht zu dünn über den gebackenen Teig streichen, danach mit Kuvertüre überziehen.
Erkalten lassen und mit einem Messer in kleine Würfel schneiden.

Weihnachten beginnt bei uns schon Wochen vor dem eigentlichen Fest. »Rundschreiben« sind verpönt. Selbst bei den üblichen geschäftlichen Weihnachtskarten versuchen wir immer, einen persönlichen Gedanken mitzuteilen und den Bedachten erkennen zu lassen, dass wir uns mit ihm auseinandergesetzt haben. Ich kann mich nicht erinnern, dass wir je eine dieser üblichen »Drucksachen« verschickt hätten. Das Geld dafür wäre viel besser als Spende an eine gemeinnützige Institution verwendet. So zeichnen, dichten und gestalten wir mit Begeisterung unsere Weihnachtsgeschenke. Das ganze Jahr über suchen wir sinniges Geschenkpapier und heben es aufgerollt in einer alten Waschmitteltrommel am Speicher auf. Daneben liegt der große Pappkarton mit Weihnachtspapieren von vielen Jahren. Bei uns wird kein schönes Band oder besonderes Papier weggeworfen. Die bügele ich fein säuberlich und hebe sie in dieser Schachtel auf. Der Fundus ist einzigartig und erzählt viele zusätzliche Geschichten früherer Jahre. Ich liebe es, aus alten Fotos oder Papieren Motive auszuschneiden und einfach nur auf eine weiße Karte zu kleben. Hinzu schreibe ich noch persönliche Worte oder ein Gedicht von Christian und schon kann sich der Beschenkte über eine persönliche Zuwendung freuen.
Die meiste Sorgfalt verwenden wir auf unsere persönlichen Monatskalender. Die »Kümmerles«, unsere besten Freunde, bekommen einen und natürlich früher der Opa oder meine Schwestern. Da werden zu jedem Monat die passenden Fotos des Vorjahres eingeklebt und entsprechende Verse dazugedichtet, die

»Es weihnachtet sehr!«

W alles andere als weihnachtlich sind. Ich schmücke die einzelnen Monatsblätter mit Aquarellfarben und Buntstiften aus und danach haben wir selbst die größte Freude an diesem Werk. Bei Kümmerles ist der Kalender inzwischen zum weihnachtlichen »Ereignis« geworden. Etwa zwanzig Kalender sind sauber aufbewahrt und Zeugnis einer einzigartigen Freundschaft.
Unsere Kinder sind mit diesen Kalendern aufgewachsen. Letztes Weihnachten zeichnete Felix für seine Schwester Ameli einen eigenen, sehr persönlichen Kalender mit äußerst witzigen Beziehungsblättern und Zukunftsvisionen. Darin bekam Ameli

einen Partner, gezeichnet mit einem einzigen Haar auf dem Kopf und daneben Christian mit drei Haaren auf dem Kopf. Über eine Sprechblase ließ er Christian sagen: »Hab ich wirklich soooo viele Haare?«

Nun, bei aller Liebe zur Bodenständigkeit und Normalität, in einer Beziehung habe ich einen »Wahnsinnigen« geheiratet: beim Weihnachtsbaum! Den liefert alljährlich Kaspar, der Gerolder Bauer, wo Christian aufgewachsen ist.

Kaspars Vater hat schon den Baum für Christians Eltern geliefert und so wurde dieser Brauch weitervererbt. Ein Weihnachten ohne einen Baum von ihm wäre für Christian undenkbar. Der Kaspar schneidet ihn genau zum richtigen Zeitpunkt oder, besser gesagt, nach dem Mondkalender, also so, dass er auch im warmen Wohnzimmer lange seine Nadeln behält.

So ein Baum aus dem Gerolder Wald kann natürlich nicht immer der Größe unseres Wohnzimmers oder, besser gesagt, »nie« den ästhetischen Ansprüchen meines Mannes genügen. Christians Christbaum muss ebenmäßig, harmonisch und dicht sein. Teilweise zerlegt er ihn quer in Einzelteile und fügt ihn wieder mit längs stehenden Stiften so zusammen, dass die einzelnen Aststufen genau gleich hoch sind. Man kann dann den Baum in sich verdrehen, was beim Schmücken sehr praktisch ist, doch die Wasserzufuhr aus dem wasserbefüllbaren Christbaumständer von unten nach oben ist empfindlich gestört und steht völlig im Widerspruch zu den oben genannten Mondphasen.

Doch damit nicht genug, denn wehe, zwischen den Ästen ist eine Lücke erkennbar! Dann wird ein »Reserveast« (solche muss der Kaspar immer ausreichend mitliefern) zugespitzt, im Stamm eingebohrt und mit Draht so befestigt, dass der Baum am Ende rundum langweilig wie aus der Retorte aussieht. Eins muss man dem Christian lassen: Die Weihnachtsbaum-OP-Spuren sind so raffiniert versteckt, dass selbst der beste Schönheitschirurg keine Narben entdecken kann.

Öfters ist es uns schon passiert, dass die Äste des Christbaums zu steil in die Höhe ragten. Da hilft mir ein alter »Skifahrertrick«. Christian holt unsere schweren Skischuhe aus dem Keller und befestigt sie außen an den Ästen mit den Klettverschlüssen, sodass es diese hinunterbiegt. Nach einer solch beschwerten Nacht bleiben die Äste dann in der gewünschten Waagrechten und wir können unsere roten Wachskerzen gut anbringen.

Das Schmücken des Christbaums gleicht einem Ritual, das sich seit unserem ersten Weihnachten nicht verändert hat. Bei Telemann und Vivaldi und einem Glas, besser gesagt Flascherl Wein öffnen wir die Schachteln mit unserem Weihnachtsschmuck. Jeder Weihnachtsanhänger hat eine eigene Geschichte und muss besprochen werden. Oben am Wipfel wird mit der Leiter als Erstes das »Christkindl« vom »Opi«, Christians Großvater, befestigt. Er war Künstler und hat jedem seiner Enkel ein eher ans Biedermeier erinnerndes figürliches Christkind hinterlassen. Aus noch früherer Zeit, vor dem Krieg, stammen Anhänger, die wir mit besonderer Sorgfalt und in Gedanken an die Großeltern an den Zweigen befestigen. Danach geht's kunterbunt weiter. Von den meisten Reisen bringen wir unterschiedlichste Kuriositäten mit, die sich an einen Weihnachtsbaum hängen lassen. Das sind Kugeln aus Nepal, Schnitzereien aus Südafrika, Glasschmuck aus Rattenberg oder ein silbernes Pfeiferl mit einer roten Koralle aus England.

Allmählich füllt sich der Baum mit den Erinnerungsstücken und dem häufigen Ruf: »Weißt du noch ...« Irgendwann taucht dann auch unser »Klassiker« auf, der mit großem »Hallo« aus der Schachtel gehoben wird – eine japanische Stoffpuppe, die so fremdländisch und kitschig ist, dass sie beim besten Willen nicht aufgehängt werden kann. Dennoch würden wir es nie übers Herz bringen, sie wegzuwerfen. Sie gehört genauso zu Weihnachten wie der andere Schmuck.

Natürlich hängt auch viel Selbstgebasteltes am Baum. Es gab eine Zeit, in der wir Glaskugeln bemalten und an unsere Freunde verschenkten. Die Kinder wurden mit eingespannt, sie halfen beim Grundieren und bekamen eigene Kugeln zum Gestalten. Noch heute suchen Ameli und Felix »ihre« Kugeln am Baum und wären beleidigt, wenn sie fehlen würden.

Als mein Vater nach dem Tod unserer Mutter allein auf der Winklmoos lebte, entdeckte er ein wunderbares Hobby für sich. Ich weiß nicht, wie er darauf gekommen ist, aber er erfand einen Bio-Weihnachtsschmuck, den er so künstlerisch ausgestaltete, dass wir ihn ständig anbettelten, weiterzuarbeiten. Der »Opa« trank viel Zitronentee und es tat ihm leid, die Schalen wegzuwerfen. Daraufhin höhlte er sie aus, spannte sie je nach Größe über selbst geformte Stanniol- oder Kunststoffkugeln und ließ sie trocknen. Später kamen noch größere Orangenhälften hinzu, die er über Tennisbälle spannte. Im ganzen Haus duftete es nach Zitrus. Bevor die Schalen zu hart wurden, schnitzte er mit dem Messer Muster und Ornamente hinein und ließ sie anschließend so lange trocknen, bis die Schalen richtig hart waren. Einige beließ er in der Originalfarbe, andere bemalte er mit Gold. Als Aufhänger befestigte er oben einen dünnen Golddraht und fertig war der schönste Weihnachtsschmuck, den man sich vorstellen kann. So einfach und so schön und noch heute nach vielen Jahren duftet er kräftig. Am liebsten würde ich den ganzen Weihnachtsbaum nur mit diesem Schmuck behängen. Leider reicht der Schmuck nicht! Doch wer weiß, vielleicht mache ich es ihm einmal nach, wenn Enkel um mich herumwuseln und ich denen etwas vom Opa weitergeben will.

Ich hänge meine »Opas« auf einen extra stehenden großen dunkelgrünen Tannenzweig, da wirkt das Gold der Fruchtkugeln am schönsten.

Als die Kinder älter wurden, fragten wir sie, ob wir Weihnachten nicht einmal »kleiner« und nicht so aufwendig gestalten sollten, sie seien doch jetzt erwachsen. Das einstimmige »Nein« klingt bis heute nach und motiviert uns zum Wesentlichen, nämlich, als Eltern den Kindern so lange ein Weihnachten zu schaffen, bis sie diese Tradition als eigenständige Familien selbst weiterleben können.

W

X X × 3

In unserem alten Duden stehen unter »X« nur drei Wörter: Xanthippe, X-Beine und Xylofon.
Beginnen wir bei Xanthippe: Ich wäre nie auf die Idee gekommen, mir jemals Gedanken über dieses zänkische Weib des Philosophen Sokrates zu machen, wenn ihr Name nicht mit »X« begänne. Ich habe Christian auch noch nie einen Nachttopf über den Kopf geschüttet. Nur wegen des »X« prüfe ich mich jetzt, was es mit der Xanthippe auf sich hat und ob ich etwas mit ihr zu tun habe. »Zänkisch, übellaunig, streitsüchtig«: Beim besten Willen, das wäre ja schrecklich, es widerspräche vollkommen meiner Lebensphilosophie. Da gefällt mir schon besser, wie der Philosoph Friedrich Nietzsche die Ehe von Xanthippe und Sokrates charakterisierte: »Sokrates fand eine Frau, die er brauchte. Sie machte ihm Haus und Hof unheimlich und trieb ihn auf die Gassen, wo man schwätzen und müßig sein konnte!«
Mit Christian habe ich den lebenden Gegenbeweis, dass ich nicht wie Xanthippe bin: Er ist am liebsten zu Hause, geht ungern aus, ist nie müßig und unser Haus und Hof ist ein ein-

ladender Anziehungspunkt für Freunde und Menschen, die wir mögen.

Kommen wir zu den X-Beinen. Im Skirennlauf der Siebzigerjahre war die X-Beinstellung Voraussetzung für schnelles Kurvenfahren. Ingemar Stenmark und Gustav Thöni demonstrierten dies in Perfektion. Auch auf meinen alten Fotos sieht man deutlich, wie das Knie des Talskis extrem nach innen zu einem »X« gekippt wird, um einen optimalen Kantengriff zu erzielen. Damals verlagerte man noch sein gesamtes Gewicht im kurveninnersten Radius, dort, wo der Druck am größten ist, möglichst auf den unteren Ski, den Talski. Mit der Entwicklung der kurzen Carvingski und den erhöhten Standplatten hat sich diese Technik von der X-Beinstellung in eine O-Beinstellung verwandelt. Das kommt daher, dass nun das Gewicht in der Kurve auf beide Ski verlagert wird und der Innenski mitsteuert. In der modernen Skitechnik wird also das innere Knie aktiv zum Hang gedrückt und steuert und beschleunigt mit. Dadurch entsteht diese offene O-Beinstellung.
Ich fahre immer noch in meiner alten X-Beinstellung. Die ist unauslöschlich einprogrammiert. Sie erlaubt mir eine ästhetische, geschlossenere Skiführung und sieht viel eleganter und femininer aus. Ich genieße es, altmodisch zu sein.

Wir hatten ein Xylofon zu Hause auf der Winklmoos. Es war der größte Wunsch unseres Vaters, dass wir ein Instrument lernen sollten. Er selbst spielte Gitarre, und eine kleine Piccolomundharmonika steckte immer in seiner Hosentasche. In unserem Studentenheim wurde viel musiziert und aus dem Singen kamen wir gar nicht heraus. Wann immer Studenten die Alm nach einem Aufenthalt verließen, feierten sie ein großes Abschiedsfest mit Feuerzangenbowle. Wie es damals üblich war, wurde das gesamte deutsche Liedgut aus der »Mundorgel« rauf

Evi und ich singen mit der »Stubnmusi Sponsel/Posch«

und runter gesungen: »Aus grauer Städte Mauern / Zieh'n wir durch Wald und Feld / Wer bleibt, der mag versauern ...« – das war ein Wanderlied aus der Weimarer Republik. Nicht zu vergessen »Hoch auf dem gelben Wagen / Sitz ich beim Schwager vorn. / Vorwärts die Rosse traben, / Lustig schmettert das Horn.« Die Texte können Evi und ich heute noch.
In unserer Schule wurde mehr Wert auf die echte alpenländische Volksmusik gelegt. Bei den Fahrten von und zur Schule mussten wir dem Vater immer die neu gelernten Lieder vorsingen. Er liebte es, wenn seine Töchter vom Rücksitz zweistimmig »Übern Tauern tut's Schauern« oder »Bergauf bin i ganga« sangen. Klar,

dass wir junge Mädchen auch bei den Studenten mit diesen bayrischen Liedern sehr willkommen waren.

Anscheinend hatten sich diese Auftritte vor den Hannoveraner Studenten bis München herumgesprochen. 1976 nach den Spielen in Innsbruck kam der bekannte Musikproduzent Hans Beierlein extra zu uns auf die Winklmoosalm, um uns für volkstümliche Musik und eine Plattenaufnahme zu begeistern. Nach längerer Bedenkzeit sagten wir zu, allerdings unter einer Bedingung: »Wir singen nur echte Volksmusik.«

Hans Beierlein akzeptierte, wenn auch mit Murren. Als Mann mit einem untrüglichen Geschäftssinn wusste er, dass mit volkstümlicher Musik viel höhere Verkaufszahlen möglich gewesen wären als mit unserer traditionellen Volksmusik. Dafür hätten wir uns aber nie hergegeben. Unsere Lieblingsgruppe aus Mittenwald, die »Stubnmusi Sponsel«, begleitete uns instrumental und so verbrachten wir viele Nachmittage bei den Aufnahmen in einem Münchner Tonstudio.

Völlig überraschend verkaufte sich die LP »Bei uns auf der Winklmoosalm« so gut, dass wir das Angebot für eine zweite Schallplatte bekamen, dieses Mal mit Advents- und Weihnachtsliedern. Als männliche dritte Stimme engagierten wir Christian und so ging's mitten im heißen August wieder ins Studio zur Probe von »Stille Nacht, heilige Nacht«. Die Aufnahme dieser Lieder im warmen Sommer war sehr lustig, wir verkleideten uns aus Spaß sogar einmal als Engel, um stimmungsvoller singen zu können.

Mit unseren Adventsliedern traten wir sogar in Fernsehshows auf. Es ist mir unvergesslich, wie wir Sportler bei Heinz Schenk im »Blauen Bock« keine Skigymnastik, sondern »Es wird scho glei dumpa« präsentierten. Wir sangen natürlich Playback, und der große Adamo, der auch in der Sendung als Gast auftrat, beruhigte uns: »Wenn ihr nicht mehr weiterwisst, zählt einfach un, deux, trois, dann seid ihr immer lippensynchron.«

Trotz Xylofon und Langspielplatten habe ich es nicht geschafft, ein Instrument zu lernen. Das ist eine Lebenssünde! Ich bin traurig darüber und ich ärgere mich über mich selbst, denn ich hatte alle Voraussetzungen und bei entsprechender Konsequenz wäre es auch leicht möglich gewesen. Doch die Hoffnung stirbt zuletzt. Ich habe es mir zum Ziel gesetzt, es doch noch zu schaffen, Gitarre zu lernen. Ameli spielt Klavier, Christian aus der Schulzeit Klarinette! Vielleicht treten wir noch einmal ganz allein bei uns im Wohnzimmer als Trio auf. Einziger Zuhörer: Felix!

X

Ameli bei ihrer ersten Kunstausstellung »App Art«. Das Bild im Hintergrund ist auf dem iPhone mit dem Finger gemalt

Y Yoga mit Ameli

Diese Erfahrungen lasse ich lieber Christian schildern, schließlich ist er der Leidtragende, wenn Ameli und ich in seinem Büro die Matten ausrollen, die Yoga-CD für Fortgeschrittene einlegen und ihn für eine Stunde geistiger und körperlicher Meditation aus dem Raum treiben. Wir geben zwar die Hoffnung nicht auf, dass er eines Tages mitmacht, aber das Wissen um seine Ungelenkigkeit wird dies wahrscheinlich auf ewig verhindern.
Christian: Ameli sitzt locker da, ein Yogaprofi, wie man sofort sieht. Rosi sitzt daneben, stocksteif, so wie eine echte Skifahrerin nur steif sein kann. Eine weiche meditative Stimme aus den Lautsprechern lockt zur ersten Übung: Ich sehe die beiden mit parallelen, geschlossenen Füßen dastehen. Rosi schwankt leicht. Sie beugen den Oberkörper nach vorn, so weit, dass er einen Winkel zwischen 90 und 130 Grad zu den Oberschenkeln bildet. Die Handflächen – nur bei Ameli – berühren den Boden. Rosi reißt es beim Runterbeugen mehrmals aus der Ausgangsposition, Ameli mahnt zur Disziplin und sieht ihre Mutter vernichtend an. »Achte auf deine Atmung, tiiiief einatmen und laaaang ausat-

men!« Das ist wichtig, ich betone: wichtig! Wir sind beim »Löwen«! Ich erstarre fast vor Ehrfurcht und atme extrem tief ein und aus. Kurz darauf werde durch lautes Wiehern und Schnauben aus der Konzentration gerissen. Rosi und Ameli atmen wie ein »Löwe« und ich muss erkennen, dass ich ein Leben lang falsch geatmet habe.

Alles Bisherige war für mich noch nachvollziehbar bzw. nachmachbar. Was dann kam, war unfassbar. Die Yogastimme sagte ein Wort, ich weiß nicht mehr, ob Krokodil, Spinne oder Kamasutra, und schon saß Ameli im Schneidersitz entspannt mit geradem Rücken vor Rosi und beobachtete deren hoffungslose Bemühungen, in eine ähnliche Position zu gelangen. Ich eilte bereits zum Telefon, um den Krankenwagen zu bestellen, als Rosi die logische Erklärung hatte, dass sie das gar nicht nachmachen könne, da sie von Geburt an einen zu langen Rücken und zu kurze Beine hätte und außerdem schon sechzig sei. Das war nachvollziehbar, Ameli und ich brachen in Tränen aus.

»Mama, lass uns die Heuschrecke machen, die fällt dir leichter!« Die beiden legten sich auf den Bauch, die Hände unter den Körper, und hoben die Beine. Das sah nach einer Übung für mich aus, da konnte auch ich glänzen! Ich legte mich neben sie auf den weichen Berberteppich, spannte meine Arme unter die Oberschenkel und stellte mir die perfekte Heuschrecke vor. Ich hob die Beine so hoch wie Ameli. Es krachte nur leicht in meinem Rücken, unten dort, wo ich den Morbus Scheuermann habe, der mich vor dem Militärdienst bewahrte. Ich wollte jedoch unbedingt die Beine so hoch wie Ameli heben und schaffte es auch eine Zehntelsekunde, dann brach ich zusammen. Der Arzt verschrieb mir zehn Wirbelsäulenmassagen, ich habe seitdem Panik vor einer Heuschreckenplage und bin in psychologischer Behandlung. Zur Vorbereitung auf die nächste Skisaison werde ich völlig normal wieder die Skigymnastik von Rosi Mittermaier und Manfred Vorderwülbecke aus dem Jahre 1977 machen.

Z Ziegenmilch

Wamberg ist ein kleines malerisches Bauerndorf oberhalb von Garmisch-Partenkirchen, mit nur wenigen Bauernhöfen, einer wunderschönen Barockkirche und, wie es sich in Bayern gehört, einem Wirtshaus. Es liegt auf knapp tausend Metern, und wenn man dorthin kommt, meint man, die Zeit sei stehen geblieben. Die Häuser stehen unter Denkmalschutz und der Ausblick ist einzigartig. Das Dorf ist ein beliebtes Filmmotiv und besonders ein Film über »Die Kinder von Wamberg« ist unvergesslich, wo geschildert wird, unter welchen Umständen sie im Sommer und Winter zu Fuß den langen Schulweg nach Partenkirchen bestreiten mussten.
Es gibt einen wunderschönen Höhenweg vom Eckbauer nach Wamberg. Man fährt zuerst mit der Eckbauerbahn hinauf und wandert dann bergab nach Wamberg. Schon die Fahrt in den kleinen Gondeln der Eckbauerbahn ist ein Erlebnis. Rundherum eine herrliche Bergkulisse und der Weg nach Wamberg gar nicht schwierig. Es war und ist eine unserer »kurzen« Lieblingstou-

ren, besonders mit Kindern. Überall gibt es etwas zum Entdecken oder Spielen: den Jägerhochstand, den Heustadel zum Reinklettern und später als Höhepunkt den »Einkehrschwung« im Berggasthof Wamberg. Wir fühlen uns dort oben fast wie zu Hause. Wamberg hat nur siebenundzwanzig Einwohner, da kennt man sich schnell. Klar, dass die wenigen Kinder dort oben eine eingeschworene Gemeinschaft bilden. Ihnen sieht man an, dass sie in der Natur und mit Tieren aufwachsen. Einmal kamen wir gerade vorbei, als sie sich einen Ziegenstall bauten. Christian sprach die Kinder an und erfuhr: »Morgen fahren wir mit den Eltern nach Weilheim auf den Viehmarkt und kaufen zwei junge Geißen.«
Christian: »Was kostet denn so eine Geiß?«
Kinder: »So fünfundzwanzig Mark!«
Christian: »Wisst ihr was, ihr bekommt jetzt von mir fünfzig Mark, dann kauft ihr euch zwei Geißen, aber ihr müsst mir versprechen, dass ihr eine davon Rosi nennt.«
Die Buben nickten begeistert und der Älteste steckte das Geld in seine Lederhose.
Bei unserem nächsten Besuch entdeckten wir den Ziegenstall mit einem Schild: »Hier wird nicht gemeckert«. Die Kinder liefen auf uns zu und riefen: »Wir haben eine Rosi, wir haben eine Rosi!« Ameli und Felix riefen: »Wir auch, wir auch!«
Jetzt konnte ich nicht anders und beichtete den Kindern, dass ich auf der Winklmoosalm als Kleinkind mit Ziegenmilch großgezogen und aufgewachsen bin.
Die Ziegen kosteten übrigens nur vierzig Mark. Von den restlichen zehn Mark haben sich die Kinder Forellen gekauft. Zwei davon bekamen wir als Dank von den Wamberger Kindern später zum Essen. Christian sagte: »Was hat eine Goaß (wie man sie bei uns nennt) mit der Rosi gemeinsam: Goaßn sind gute Kletterer, sie lieben es, ganz oben zu stehen, und sind genügsam.«

Zivilisation in der Hütte

Vor einiger Zeit las ich den Roman »Die Wand« der österreichischen Schriftstellerin Marlen Haushofer. Die Protagonistin – sie hat keinen Namen – unternimmt mit ihrer Cousine und deren Ehemann einen Wochenendausflug in die Berge, eine Übernachtung auf einer Alm ist geplant. Am nächsten Morgen stellt sie fest, dass sie allein in der Hütte ist. Eine Wand trennt sie von ihren Mitmenschen, sie kann nicht mehr zurück in die Zivilisation. Sie kann sich nur von dem ernähren, was Wald und Wiesen hergeben; eine trächtige Kuh, eine Katze und ein Hund laufen ihr zu.
Als ich das las, gefiel mir das Buch von Seite zu Seite besser. Ich dachte: Wie wäre es, wenn du so leben müsstest, ganz allein, abgeschnitten von der Welt? Wie würdest du dich durchbringen? Es brachte viel Spaß, mir meine eigenen Vorstellungen auszumalen. Diese Frau pflanzt zuerst Kartoffeln. Genau, so müsste man es machen – sie sprach mir aus der Seele.
Ihr pragmatischer Überlebenswille und der meine sind sich sehr ähnlich – in schwierigen Situationen überlege ich mir auch immer: Was ist der nächste wichtige Schritt? So verliere ich mich nicht in großen, übermächtigen Visionen, sondern tue, was getan werden muss.

Ziel

Gedanken
Es gibt kein Skirennen ohne Ziel! Gäbe es kein Ziel, gäbe es keine Skirennen! Es gäbe keine Medaille ohne Ziel. Was wäre aus mir geworden ohne dieses Ziel?

Fazit
Ziele bei Skirennen sind mir nicht wichtig. Ich hätte auch ohne Medaillen oder Skirennen meine eigenen, davon unabhängigen Ziele. Die sind mir wichtig! Als Skirennfahrer tun wir uns leicht, unsere Ziele sind sichtbar und schnell erreicht: Man muss nur schnell fahren!

Erkenntnis
Im Leben muss man immer ein Ziel vor Augen haben. Es ist elementar und lebenswichtig. Ohne Ziel ist ein Leben arm und wertlos.
Was sagen die Philosophen?
Konfuzius: »Der Weg ist das Ziel.«
Laotse: »Nur wer sein Ziel kennt, findet den Weg.«
Immanuel Kant: »Der Ziellose erleidet sein Schicksal – der Zielbewusste gestaltet es.«
Marie von Ebner-Eschenbach: »Am Ziel deiner Wünsche wirst du eines vermissen, dein Wandern zum Ziel!«

Zum Buch
Ich hatte mir das Ziel gesetzt, dieses Buch zu einem Ende zu bringen. Das Erreichen war eines meiner härtesten Ziele. Ich musste mich öffnen und Dinge preisgeben, die ich nie preisgeben wollte. Ich habe es nur deshalb vom »A« bis zum »Z« geschafft, weil ich ein Versprechen gegeben hatte. Dieses habe ich nun eingelöst. Jetzt bin ich froh und bereit für neue Ziele, die ich schon längst formuliert habe. Ich werde die Auseinandersetzung mit diesem für mich so untypischen Buch vermissen, denn ich habe viel daraus gelernt. Ich habe erleben dürfen, wie andere alles gegeben

Auf der Slackline von Felix (2011)

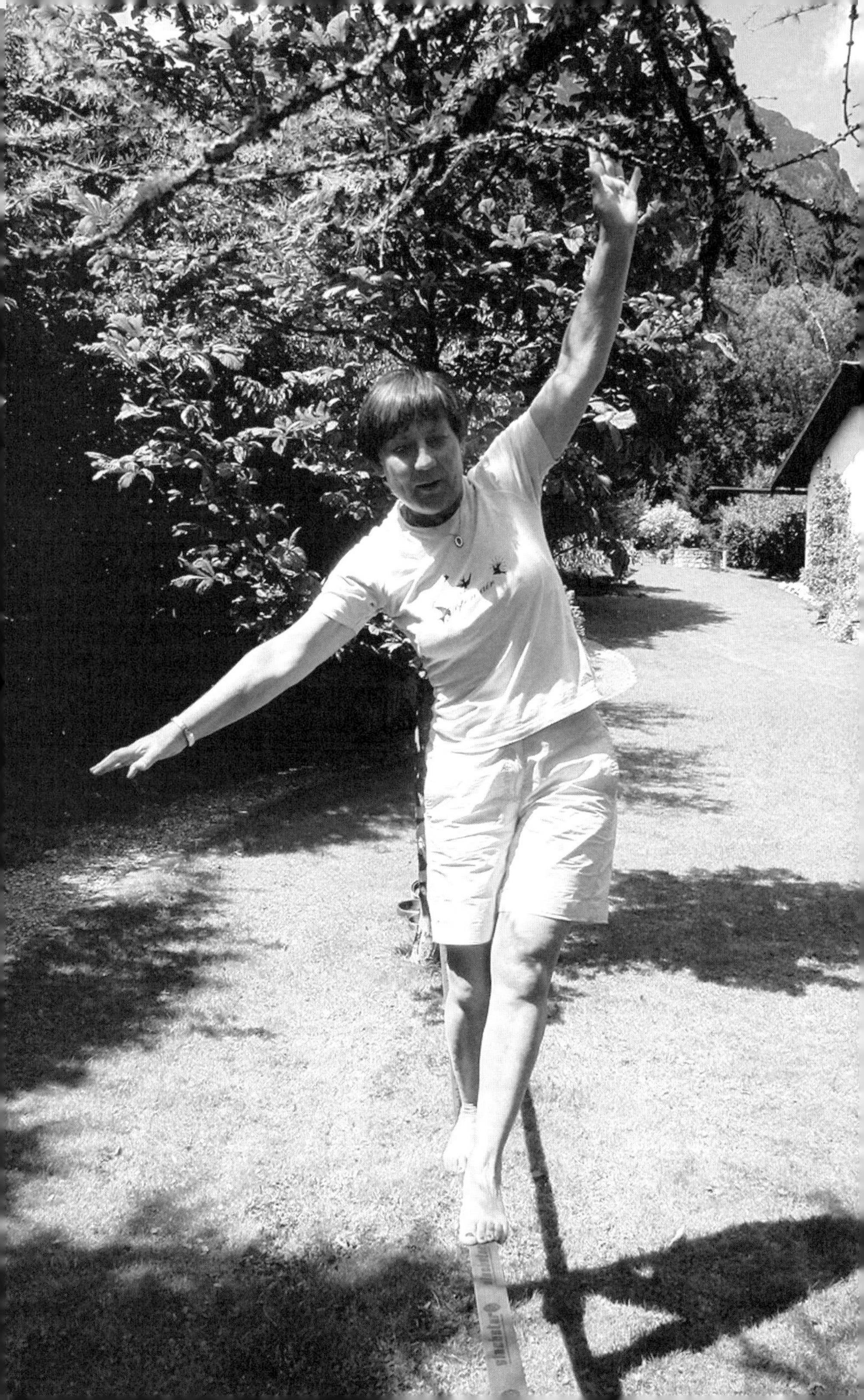

haben, mich zu motivieren, damit ich ins Ziel komme und Menschen erfahren können, was ich denke und fühle. Für diese Bereitschaft und diesen Willen bin ich dankbar.

Mein Wunsch
Ich wäre glücklich, wenn ich mit meinen Gedanken andere ermutigen könnte, sich nie aufzugeben, sondern sich auch in schweren Zeiten im Positiven neue Ziele zu setzen. Dabei ist der kleine Schritt und das kleinere Ziel mehr wert als die Sehnsucht nach dem Unerreichbaren.

Meine nächsten Ziele
Geranien gießen, Holz aufrichten, Christian zum Schwimmen überreden, Gretel Freh schreiben! Marianne danken, sie ist unser Glücksfall und wäre es wert, dass man ein eigenes Buch über sie schreibt.

Bewegungsspaß mit Rosi Mittermaier und Christian Neureuther

»Die Heilkraft des Sports«
Rosi Mittermaier und Christian Neureuther haben in Zusammenarbeit mit dem Sportmediziner Dr. Bernd Wolfarth ein Sportprogramm entwickelt, bei dem die heilende Kraft im Vordergrund steht. Die Übungen sind einfach, machen Spaß und können individuell an die eigene Fitness angepasst werden.
144 Seiten, durchg. vierfarbig mit Fotos, ISBN 978-3-485-01129-7

»Neuer Schwung«
Die beliebten Sportler präsentieren das perfekte Motivationsbuch zum Beginn der Wintersaison – ideal für Wiedereinsteiger.
168 Seiten mit Fotos u. Abb., 1 Karte, ISBN 978-3-485-01146-4

»Sicher durch den Skiwinter«
Ein Ratgeber mit praktischen Tipps, Checklisten zur Eigeneinschätzung und zum richtigen Material und speziell entwickelten Sicherheitschecks.
128 Seiten, durchg. vierfarbig mit Fotos, ISBN 978-3-485-01189-1

nymphenburger   www.nymphenburger-verlag.de